O Moedor

Ficção não ficção

O Moedor

Ficção não ficção

Enio Mainardi

Copyright © 2013, Enio Mainardi

Diretor editorial: **Pascoal Soto**
Editora executiva: **Tainã Bispo**
Editora assistente: **Ana Carolina Gasonato**
Produção editorial: **Fernanda Ohosaku, Renata Alves e Maitê Zickuhr**

Preparação de textos: **Poliana Magalhães Oliveira**
Capa: **Ideias com Peso/Luís Alegre**
Foro de capa e quarta capa: **Luís Silva Campos.**

Dados Internacionais de Catalogação na Publicação (CIP)
Angélica Ilacqua CRB-8/7057

Mainardi, Ênio
  O moedor : ficção não ficção / Ênio Mainardi. – São Paulo : LeYa, 2013.

ISBN 978-85-8044-739-2

1. Contos 2. Poemas 3. Contos eróticos 4. Literatura brasileira

13-0041   CDD 809.933538

Índices para catálogo sistemático:
1. Literatura erótica brasileira

2013
Todos os direitos desta edição reservados a
TEXTO EDITORES LTDA.
[Uma editora do grupo Leya]
Rua Desembargador Paulo Passaláqua, 86
01248-010 — Pacaembu — São Paulo — SP — Brasil
www.leya.com.br

*A vida é muito curta
para quem não tem lembranças.*

Tudo que está escrito aqui
pode ser verdadeiro.
Ou não.
Pois a realidade é vaga.
Não se pode confiar
nem naquilo que se lê
nem na memória
que engana,
disfarçada de imaginação.

SUMÁRIO

1. Marcello 8
2. A menina de *short* vermelho 17
3. Vagina dentata 23
4. O moedor 30
5. Metade da terra 34
6. Sobrou pasta dental 39
7. Turma da faculdade 43
8. Atrações 47
9. *Wind shear* 51
10. Vou ao banheiro 56
11. Morte besta 59
12. Casa do estudante 70
13. O tio torto 76
14. Ódios ancestrais 80
15. O túmulo 85
16. Noite desprogramada 88
17. Você insiste demais 93
18. Alguém puxa um revólver 97
19. Uma experiência psicossocial 104
20. DNAs 108
21. Costeletinha de porco 115
22. Você, magérrima 118
23. A mãe da minha antiga namorada 122
24. Marilin, com i 125
25. Ser repórter 130

26. Bolo de aniversário 135
27. Esta rua não é mais tua, querida 139
28. Um desses dias 141
29. Começo de carreira 144
30. Harry, seu puto 148
31. O sabonete 152
32. Paixão 155
33. Pescaria 160
34. Cafetão? Ainda não 166
35. Hora do recreio 173
36. Menino nervosinho 180
37. *Bad trip* 186
38. O cavalo 191
39. Surpresa no colégio 196
40. Haroldo 200
41. Ninguém era normal 204
42. Ela não é uma menina 208
43. Noite sem fim 215
44. É o sobrenatural 220
45. Ando por aí 224
46. Pena de morte 228
47. O menino e a galinha 235
48. Melhor esquecer 243
49. O churrasco 250

QUEBRA-CABEÇAS

Eu não digo nada de novo
nem parece
que algum dia disse.
Embora parecesse ter dito.
É que eu pensava que
sabia tudo.
Agora que não penso nada
descubro, aflito
o que eu antes sabia
mas pensava que não sabia.

1
MARCELLO

Saída do colégio, outros tempos. Uma colega me pega pelo braço e pergunta: "Quem você gostaria de ser, se fosse artista de cinema?" "Marcello Mastroianni", respondo. Ela caligrafa caprichosamente M, a, r..., letra por letra, no seu caderno amarelo de espiral. Nem levanta os olhos. Entorto o pescoço e vejo que ela escreveu o nome errado, lógico. Marcelo, com um "l" só. Ela não tem o mínimo interesse por mim. Minha voz sai meio agoniada, inconvincente: "Eu não queria ser nenhum artista como o Gary Cooper, nem Tyrone Power... Prefiro o Marcello." Fico esperando sua reação. Nada. O lápis dela nem se move, seu olhar já procurando outro cara para entrevistar. Gordinha babaca. Se pelo menos ela fosse uma gostosa, valeria a pena lhe contar uma cena de filme antigo do Marcello. As imagens, em branco e preto, estão projetadas dentro da minha cabeça. Marcello está belíssimo, melancólico, num terno escuro de ombreiras largas, os braços jogados na frente do corpo, dedos entrelaçados. Luz de sol cegante no cemitério sem ar. Está ali olhando o túmulo do pai, ar contrito. Um sino bate longe, avisando os mortos de alguma novidade. Há uma tristeza naquele homem de cabeça baixa, meio curvado. Marcello talvez esteja lembrando coisas dos seus tempos de menino. Seu olhar vago não quer dizer nada, quem sabe esteja só concentrado num raminho de murta, dessas comuns que dão em vasos tumulares, os pensamentos fervendo ao sol. Pausa longa. De repente, de dentro da sepultura, sai um braço magro, a manga do paletó é preta, os punhos da camisa em branco algodão. Os dedos longos do defunto agarram o braço de Marcello e puxam-no compulsivamente em sacudidelas. Marcello se debate, tentando se soltar com repelões desesperados. Puxa o corpo para trás, enquanto sua boca grita mudamente "...Pai, você é quem morreu, eu não!". Foge e vai tropeçando nas pedras brancas soltas no chão, indo pela aleia obscurecida por uma luminosidade de filme de zumbi. As árvores que formam o caminho não lhe dão sombra, desinteressadas. Pronto, ele já se foi, esquivo, por detrás de um túmulo de mármore cinza. Penso: para mim a fisionomia de Marcello nunca é definitiva, ele tem sempre um jeito dúplice, numa espécie de fingimento.

Não convém acreditar em sua inocência, disfarçada pelo queixo largo, o olhar sempre curiosamente insatisfeito.

Marcello, *mio caro*, queria te fazer uma pergunta: agora que já se passaram tantos anos daquela cena do cemitério, você, já defunto, me diga: o que sobrou do existencialismo daquela época? Dos diálogos angustiados do *La Notte*, a noia, as filosofices sartrianas, café com conhaque e fumo negro Gitanes, a *Dolce Vita*, a Via Veneto! ...e as mulheres, tantas mulheres? A Sophia Loren, vi outro dia, tenho o desprazer de te comunicar que ela pulou dos teus filmes para outros. Não parece sentir a tua falta. Tua ex-mulher, Catherine Deneuve, a *Belle de Jour*, agora faz propaganda de malas de grife. Está ótima, somente se deixando fotografar desfocada e meio de lado. Tantas mulheres, Marcello. Elas todas te sobreviveram. E devem agora, aos domingos, dedicar-se a preparar belas macarronadas para a família, garrafas de vinho Chianti espumando "*sallute! sallute!*", bocas sorridentes, fileiras de dentes gloriosamente implantados, todas elas tão prosaicamente vivas, Marcello, vivas. E você, morto, *yes, the guy is dead, man.* Confesso que me sinto igual a você, Marcello.

Invejoso das mulheres vivas. Invejoso do jeito calculado com que elas conseguem articular as suas bocas e soltar risadas, sinceras ou não. Elas são tão admiráveis no seu jeito de viver. Esta minha melancolia, provavelmente, tem relação com um documentário que vi ontem à noite, na TV, vou contar já já. Hoje em dia vejo horas seguidas de televisão, meu rosto relampeja sob a descarga das imagens luminosas de uma Sony 27" – sempre ligado, não quero perder nada da vida dos outros. Às vezes, numa eventual fantasia cinemática, me vejo personagem de um decadente filme noir, década de 1950, jogado no catre de uma casa de ópio, cortinas semicerradas, servido por uma senhora chinesa cheia de mesuras e hipocrisias. Na distanciada tela branca para onde olho, aparecem cenas projetadas que se movem num enredo incompreensível, eu, absorto na mornidão hipnótica de uma contemplação sem esforço, passivo. Sombras de bonecos ficam batendo umas nas outras, ao ritmo daqueles arpejos arranhados. Não entendo os chineses.

Nesse estado de alma, largado no meu apartamento, iluminado intermitentemente por fluorescentes com anúncios, vi em minha TV um documentário mostrando a seguinte história sobre pombos: sob as asas desses pássaros arrulhantes e comedores de migalhas, vive escondida, debaixo das suas penas, uma certa espécie de pulgões achatados, disse o locutor.

São parasitas camuflados que vivem de chupar sorrateiramente o sangue dos seus hospedeiros. Até que chega o dia em que esses pulgões-vampiros se apercebem que o sangue do pombo hospedeiro não é mais aquele de uma ave forte, que se abespinha e bate as asas com firmeza, desacatando os outros pombos. Agora o pombo enfraquecido está de cabeça baixa, andando hesitante, meio de lado, sinalizando alguma doença.

Toca o alarme e daí os pulgões decidem mudar imediatamente de endereço. Dão então saltos perfeitos, calculados, tal qual a acrobatas circenses, do pombo condenado para outro pombo, algum saudável, que esteja ali por perto.

E escorregam depressa a sumir por entre as penas do novo pombo, que, desavisado, não se apercebe que o seu futuro destino mudou a partir daquele momento. Aí os pulgões recomeçam um novo ciclo.

Veja meu caso, Mastroianni, você que entende tanto de mulheres. Vamos imaginar, por um momento, que um desses pulgões saltadores fosse a mulher que amei tanto que nem sei.

E eu, o pombo doente. O que eu queria que meu pulgão tivesse feito, antes de ele pular fora, quando percebeu nosso amor moribundo? Gostaria que esse pulgão-fêmea, em vez de desertar de mim imediatamente, houvesse me dado um aviso prévio de noventa dias, por exemplo.

Queria que, ao me perceber na iminência de um derrame ou ataque cardíaco, queria que ela pelo menos tivesse me oferecido alguma consideração delicada. E então, eu, já sabedor do meu descarte iminente, poderia até retribuir a generosidade de ela ter me dado um tempo extra. Agradecido, eu até a ajudaria a dar o seu pulo em cima de outro pombo-*monsieur* ou pombo-*mademoiselle* do seu agrado. Ficaria sinceramente feliz, dentro do possível, por tais sentimentos. Não a culparia por ter me deixado moribundo e desesperado, solitário, diante do diagnóstico fatal. Daí, mais conformado, quem sabe pudesse até aproveitar meu tempo restante sem rancor, decidindo, por exemplo, tornar-me budista, se tivesse vontade. Sonho antigo, esse de ficar zen diante das turbulências do mundo transitório, olhos semicerrados, alheio, imaterial, finalmente assumindo consciência de minha impermanência neste mundo.

Daí nunca mais pensaria nos pulgões, nas Jeanne Moreau ou nas Monica Vitti, nas Silvana Mangano de meias pretas no meio do trigal, dessas que cavalgam minhas tantas fragilidades. Nunca mais, Marcello, nunca mais permitiria que meu corpo fosse sugado do que sobrou de sangue. Nunca mais me permitiria ouvir falsas declarações de amor, nem me comoveria, impressionado, com choros de paixão. Pobre Marcello, sei que você sempre viveu assim, consumido. Me ocorre pensar, agora, que neste corredor da morte em que somos todos mantidos distraídos, todos os dias nos são servidas porções aguadas de veneno, que fazem com que esqueçamos progressivamente tudo o que é importante na vida.

Não somos atacados pela dor súbita das tripas retorcidas por cianeto, ou pelo sufoco de um estrangulamento feroz. Como Bonaparte em Elba, a morte, esperta, vem disfarçada em engodos, para que não pensemos nela, tornando-nos assim ignorantes de nosso destino.

Em cada prato, nós, Napoleões domesticados, vamos repetidamente engolindo colheradas de morte, nossos carrascos atentos à dormência suicida a que nos deixamos levar. O cotidiano mata devagar, em manobras amorosas que, aos poucos, secam nosso sentido de sobrevivência. Um beijo errado, uma boca cheirando diferente, um telefonema estranho que ela atende displicente demais, sintomas percebidos, mas não registrados. Fisiologias, suores inesperados, marcas de cansaço, rendição.

No portão do campo de concentração psíquico a que somos conduzidos, está escrito, em letras góticas, "o amor liberta". Queremos acreditar nisso, Marcello, com medo de pensar no fim.

Mas, sistemática, a morte vai todas as noites desligando mais e mais interruptores dentro do nosso corpo, disfarçando essa atividade na névoa dos sonhos e pesadelos. Traições.

Marcello, lembra aquele filme *Una giornata particolare*, em que você faz um intelectual homossexual? Que coragem, te admiro.

Na minha rua, éramos uma cambada de machos alpha, andando gingando que nem *boxeurs* e falando "porra" a cada dez palavras. Meu rosto é a prova daquela macheza forçada, o nariz quebrado, riscos e cicatrizes. Os ossos das minhas canelas, passe aqui os dedos suavemente, percebe? Eles mais parecem um serrote, tantas quinas causadas por pontapés.

Naquela época, eu estava confuso. Será que dava para ser durão e ao mesmo tempo sugerir a impressão de alguém elegante, fino, estudado?

Numa revista, eu tive a resposta. Lá estava escrito que bastava praticar o seguinte exercício: tinha-se que equilibrar uma pilha de livros sobre a cabeça e aí sair andando em linha reta, os pés cuidadosamente colocados um após o outro, enfileirando-os em passos curtos. Por causa desse treinamento, começaram a me chamar de *viado*, o que me rendeu ainda mais brigas. Percebi depois que o tal artigo tinha sido escrito para mocinhas, pois aquele jeito de andar fazia mexer a bunda para lá e para cá, o cúmulo do enfeitiçamento feminino.

Retornei ao estilo orangotango. *Viado* é a puta que pariu.

Mas eu tinha um amigo, não vou dizer seu nome, um pouco mais velho que eu, que não se incomodava com sussurros às suas costas chamando-o de efeminado. Eu, seu campeão, é quem ficava ofendido e me sentia obrigado a defendê-lo daquela infâmia.

E como recompensa pelos olhares enfezados que lançava contra nossos inimigos, gestos obscenos com dedos furiosos, meu amigo me levava, numa espécie de recompensa, certos sábados à tarde, para uma matinê dançante num clube social chamado Piratininga. Tinha que pegar elevador num prédio chique para chegar lá, onde só era permitida a entrada de eleitos engravatados, paletó fechado, preferencialmente no estilo jaquetão quatro botões e calças com as pregas cuidadosamente vincadas. Eu só tinha um par de calças que tinham se tornado progressivamente brilhantes de tanto serem passadas a ferro. E um paletó desajeitado, cinza com listrinhas entonadas, sem brilho. Ia lá na esperança de ganhar classe. Meu amigo me emprestava um lenço impregnado com colônia Royal Briar, que servia para empolgar a mão das moças sem o perigo de elas perceberem suor, caso alguma delas resolvesse dançar comigo.

Eu me mantinha habitualmente num canto do salão principal, bebericando guaraná em copo alto, e de vez em quando brincava com as pedras de gelo, fingindo *whisky*. Robert Taylor fazia isso muito bem nos seus filmes.

Tentava também um certo olhar de *spleen*, acompanhado de planejado desdém. Era um *habeas corpus*, no caso de ninguém querer dançar comigo.

Aprendi a não pisar nos pés das moças, tinha uma técnica certa de escorregar os pés, um problema para mim, pois meus sapatos eram feitos com solado de pneu. As moças fingiam que não percebiam, e eu fingia que aqueles não eram meus pés. Meu doce amigo, além desses contatos com as esferas sociais superiores, também me familiarizou com os musicais da Metro, nos cinemas do centro. Só se podia entrar lá de gravata.

Fui apresentado à Elisabeth Taylor, ao Fred Astaire, ao Gene Kelly, cantando sua vozinha na chuva. Elisabeth Taylor e seus grandes olhos verde-amarelados, de turquesa, coruscados, olhos de gata de raça. Depois andávamos por aí, nós, perto da Biblioteca Municipal, zanzando quase que sempre com um braço em cima do ombro do outro, fraternalmente.

Na noite em que morreu o seu pai, chamado senhor Pacífico e que já estava bem velhinho, meu amigo foi bater na minha casa para avisar, de madrugada.

Alvoroço, luzes acendidas na cara dos estremunhados, urgências, o amigo lá fora me esperando enquanto minha avó me apressava a botar logo as calças, ele para cá e para lá, andando tensamente na calçada. Fui correndo encontrá-lo, os sapatos ainda soltos, sem amarrar os cadarços. Quando chegamos ao velório – a casa dele ficava no mesmo quarteirão –, o defunto já estava dentro do caixão com um lenço branco amarrando o queixo. Tufos de algodão branco enfiados nas narinas e nos ouvidos. Morto esquálido, cor de vela, morto mesmo.

Não muito diferente de quando o macróbio estava vivo.

Todo mundo lá tomando café e falando baixinho, naquele sobrado exageradamente movimentado, como numa festa silenciosa, cortado pelo ciciar de palavras piedosas. Rezas. Fomos caminhar. Era madrugada, em São Paulo ainda tinha garoa. Pela avenida Paulista, passavam bondes fechados de quando em quando, logo sendo engolfados pela neblina. Aqueles bondes vermelhos, apelidados de "camarões", iam àquelas horas quase que vazios, as luzinhas amarelas tremeluzindo atrás de janelas estreitas.

Racate-tra, racate-tra, racate-tra. Trilhos paralelos de prata se esfumaçavam na iluminação insuficiente dos postes e escuridões. Fomos indo, silenciosos, até o átrio da igreja do Divino Espírito Santo, o céu noturno coberto por novelos acinzentados, que corriam por cima de tudo.

Meu amigo parou, virou-se de repente e, convulsivo, me abraçou. Eu abracei-o de volta, em silêncio comovido. Ficamos assim, apertados, sentindo nossas respirações. Foi quando ele me deu um beijo de língua. Chocado, empurrei-o para trás. Ele deu uns passos descontrolados, baixou o rosto, começou a lacrimejar, pediu "desculpa, desculpa, não sei o que me deu, desculpa", e foi indo para trás. Eu parado. De repente, percebo uma ereção, tinha crescido um volume dentro de minhas calças.

Chamei meu amigo de volta, "Vem cá! Vem cá!", mas ele saiu correndo, virou a esquina e sumiu, pronto. Que intenções me haviam aflorado? Ali, sozinho, me senti imensamente cansado.

Apoiei as costas numa parede fria, o coração destrambelhado, emoções estranhas, choques de 220 volts que me mexiam a medula. Nunca mais voltamos a ser amigos, ele sempre se desviava de mim, trocando de calçada, apertando o passo e olhando para o outro lado.

Marcello, voltando ao teu filme *Una giornata particolare*. Lá, com voz e gestos precariamente controlados, você fez um personagem que tenho medo de classificar como homossexual. Era um homem afetado e dramaticamente digno, vivendo numa Itália de fascismo virulento, perigoso, as ruas cheias de camisas-negras prepotentes, portando bandeiras.

Tempos de guerra, eles despejavam óleo de rícino garganta adentro dos que não faziam parte do partido. E essas vítimas dos esbirros de Mussolini se arrastavam pelas ruas cagando nas calças, tempos de humilhação, espancamentos públicos. Você sabia que corria perigos, intelectual perseguido, herói sem saber e absurdamente se deixando levar, paixão macha, patética, por uma Sophia Loren acebolada e confusa, fugida por entre os lençóis deixados para secar, no terraço do prédio onde vocês dois viviam. Você espantosamente amou e se deixou amar por essa mulher improvável, casada com um rufião fascista, cheia de filhotes instruídos pelo Partido. Você, que tinha um namorado que vivia te exigindo, te demandando ao telefone.

Aparentes contradições, dubiedades. Marcello, Marcello, para mim, você nunca foi um, você sempre foi dois, três. E me fez compreender que nós somos um pouco de tudo, eu que me achava tudo de uma coisa só. Minha coleguinha de outros tempos jamais entenderia estes sentimentos.

ONTENS

*Todos os ontens
já foram amanhãs
em algum passado
algum dia.
Mas quem garante
que amanhã
haverá outro amanhã
e depois outro amanhã
continuando a fieira de ontens
todos os ontens
se tornando passado
na certeza
de nunca parar?*

2.
A MENINA DE *SHORT* VERMELHO

Ela passou na calçada. Encostei o carro no meio-fio e fiquei olhando, janelas fechadas, vidros escuros. Ela vinha, cabelos louros curtos, top decotado, rindo e com a cabeça jogada divertidamente para trás, *short* vermelho, bem justo e bem curto. Jovem demais para o meu bico. Junto, um rapazote a acompanhava, desajeitado. Parecia que não tinham nenhum compromisso. Talvez. Se eu fosse um cafajeste perguntaria à menina, desprezando o sujeito, "Tem vaga aí no meio dessas tuas pernas para eu estacionar dentro de você?". Besteira.

Ela tinha pernas de modelo, longuíssimas. Repeli interiormente o pensamento que me passou relampejando, mau gosto. Fiquei ali, em tocaia. O tal ia com ela brincando de empurra-empurra na calçada, para inveja dos passantes. Olhares de repreensão, desgosto. O rapaz também era bonito, apesar do jeito efeminado. Por que mulheres lindas têm sempre essa intimidade gostosa com os *viados*? É injusto. Ela agora passou pelo meu carro. Examinei o *short* vermelho por trás, virei a cabeça para julgar melhor. Perfeito, as nádegas não esfregavam uma na outra. Pensei na ventilação dali. A calcinha não devia esfregar em nada, criando uma engenhosa disposição de tecidos que devia garantir permanente ar condicionado àquelas intimidades carnais. Nada de calcinhas amassadas e com o rego manchado de marrom no fim do dia. Certamente aquela moça não produziria eflúvios, nem umidades grudentas, nem liquefações sangrantes. Ela nunca seria vítima de nenhuma espinha com pus que precisasse ser espremida. Cravos pretos e gordurosos se recusariam a se instalar em pele tão bela. Os seus intestinos provavelmente seriam capazes de aproveitar até o fim de cada molécula de *cheeseburgers* com Coca-Cola, sem sobrar nada para ser excretado em cólicas, às vezes doloridas, dessas que vêm em ondas e depois explodem em diarreias descontroladas. O cérebro da menina de *short* vermelho também possivelmente se encontrava, por algum truque da natureza, blindado com grossas barreiras, diques impermeáveis que proibiriam a entrada de qualquer pensamento triste. A morte jamais faria parte de suas cogitações.

Nunca lhe seria permitido o conhecimento do envelhecer, com suas naturais inconveniências. Nas farmácias iluminadas de neon por onde ela entrasse, desapareceriam instantaneamente das prateleiras todos os remédios tarja preta que curam doenças e geram consequências.

Só cremes de beleza e perfumes finos enfeitariam as vitrines de vidro iluminadas. Lá não estariam expostos fraldões para velhos com incontinência urinária, bolsas colestômicas, fundas para hérnia. Os atendentes ficariam prevenidos e, ao primeiro sinal dela, tratariam de subtrair do seu distraído olhar tudo o que pudesse lembrar a finitude do corpo humano. Menina de *short* vermelho, como você é linda. Queria fazer você rir um pouco. Contaria coisas engraçadas que aconteceram na minha vida. Sabe, quando eu era menino, minha avó achava que lavagem intestinal servia para tudo. Desde gripes e resfriados até sarampo, imagine. Eu não gostava daquilo, tinha ódio, mas meus tios, na hora do clister, se juntavam para me segurar. A vasilha esmaltada em branco, cheia de água morna, ia então para cima do armário, a fim de criar pressão. De lá descia um tubo de borracha vermelho com uma torneirinha preta que era enterrada (desculpe o vocabulário, menina de *short* vermelho) no meu cu.

Numa dessas sessões, de tanto terror, fiquei cego. Cego mesmo. Abri os olhos, sem ver, ouvindo me falarem dentro da orelha "segura, segura a água mais um pouco". Apertei o esfíncter prendendo a água nos intestinos, como ordenado, mas gritei "estou cego, estou cego", eles riram, não me levaram a sério. Só consegui sair da cegueira depois que vaporizei merda líquida para todos os lados dentro da privada, obrigando meus tios a jogar água lá dentro, com o nariz tampado, e puxar a descarga até acabar o depósito da caixa.

Costumavam então repetir uma frase em italiano, que resumia a situação com muito bom humor. Me apontavam um dedo acusador dizendo "*mangia la grazia di Dio e caga la peste*". Eu, então aliviado e com os olhos ainda vermelhos, soluçante, também entrava no clima, botando a língua no meio dos lábios, empurrando ar bem forte, produzindo ruídos de peidos flácidos, peidos agudos, peidos graves, gaguejantes. Não importa o tipo, sempre achávamos essa imitação muito divertida. Já te aconteceu uma coisa parecida, menina de *short* vermelho? Estou incomodando? Não? Então ouça um pouco mais, por favor. Decidiram, no Grupo Escolar onde fazia o primário, que eu deveria operar as amídalas. Era normal, obrigatório. Me prometeram então que depois iríamos até a sorveteria da esquina. Lá, como recompensa, me comprariam sorvete, e nesse dia especial eu poderia pedir um cone inteiro de sorvete com duas ou até três bolas de massa, em vez de um simples sorvete de palito ao qual estava acostumado, normalmente de groselha ou abacaxi. "Qual que você vai querer, menino?" "Chocolate! Chocolate e creme! Chocolate, creme e ameixa!", gritei alegremente, na expectativa. Sei é que me levaram para uma sala de cortinas fechadas, apagando lá fora a luz da tarde e me botaram para sentar numa cadeira de metal, com braços de aço frio e correias de couro, com fivelas grandes. Me passaram as cintas. Uma enfermeira começou a embrulhar o meu corpo com um lençol de borracha.

Claro que fiquei receoso, mas não esqueça, me esperava o sorvete de chocolate e ameixa. Fui então envolvido com outro lençol, que minha tia tinha trazido de casa. "Abre a boca, menino." Abri, já alertado, mas impotente.

Prenderam lá um aparelhinho de aço escovado que não permitia mais que eu fechasse a boca. O médico, com uma luzinha na testa, enfiou então um alicate lá dentro e puxou para fora minhas amídalas. Eu olhei os dois bagos sangrando, pareciam as bolas de um galo quando eles são arrancados de dentro do bicho estrebuchando, as asas ainda em estremeções.

E o sorvete? Não ganhei, não podia engolir, fiquei vomitando sangue enquanto me diziam "não vomite, para de vomitar". Sabe? Acho que descobri por que conto essas coisas todas. É só para equilibrar a balança do mundo. Tanta coisa boa acontecendo para você, tanta coisa curiosa para mim, ganhamos os dois com o conhecimento que dividimos, certo?

Uma última historinha, menina: um dia, minha tia enfermeira descobriu que eu tinha fimose apertada e me indicaram um endereço do Inamps, que ficava, acho, na Florêncio de Abreu, aquela rua onde vendem ferramentas. Fimose é quando a cabeça do pau fica presa por um freio de peles chamado prepúcio. Há controvérsias, hoje, sobre a utilidade dessa operação, trata-se da evolução da medicina, compreende? Os judeus acham ótimo. Enfim, eu tinha que operar. Botei no bolso a guia dobrada do Instituto, tomei dois bondes, procurei o número na rua com o papel na mão. Era um sobrado estreito com uma escadinha de madeira, só dava para subir uma pessoa de cada vez. Fazia muito calor, muito calor, abafamento úmido. Lá em cima, dois enfermeiros de meia-idade, mulatos e carecas, comentavam futebol. Sem falar nada, um deles pegou meu papelzinho com o pedido do médico. "Encosta aí nessa mesa, menino, e baixa as calças. Não, baixa só até o joelho. Segura aí." Fiquei olhando enquanto preparavam uma injeção, e eles na maior conversa.

O enfermeiro que parecia mais velho deu três picadas com uma agulha grossa, na cabeça do pau, que ficou instantaneamente branco, que nem salsicha alemã. "Não olha, menino." Fechei os olhos, vertigens de desmaio, meus dedos doendo apertavam as calças e a borda da mesa ao mesmo tempo, morrendo de vergonha de entrar alguém naquela sala com a porta aberta e ver aquela humilhação dolorosa. Pchsssst! Pchssst! Era o som do bisturi elétrico cortando e cauterizando a carne. Cheiro de rodízio de churrasco. O outro enfermeiro passou uma pomada e amarrou a ferida com uma gaze, dizendo, divertido: "Não vai ficar de pau duro aí na rua senão você vai ter uma bruta hemorragia, hein?!". Ele disse isso rindo, quis me confortar, acho. Os enfermeiros voltaram então a conversar sobre o Corinthians, cada um batendo nas costas do outro, franca camaradagem. Carimbaram minha guia diversas vezes, a almofadinha da tinta estava quase seca. Não falei nada e saí dali descendo a escada de lado, um degrau de cada vez, um pé antes do outro, bem devagarzinho.

E voltei para casa sem coragem de olhar as mulheres bonitas que passavam por mim, parece que, de propósito, de tão gostosas nádegas, peitos, pernas, decotes.

A hemorragia, menino, não esquece da hemorragia! Ahhh, menina de *short* vermelho, sinto que você está a me compreender. Mesmo que você só esteja passando por mim, sei que ia conseguir te alcançar. Não fique tão séria, por favor, continue se divertindo. Mas pense assim, por cautela: e se nos próximos anos teu coração precisar de uma ponte de safena? E se teu *check-up* mostrar excesso de açúcar no sangue? E se as células dos teus seios decidirem se replicar enlouquecidamente? É bom, portanto, ir se prevenindo, para você não se deixar surpreender. Fique alerta.

Eu só posso te desejar o mesmo que a mim, menina: aguente firme, que tudo só tende a piorar com a idade. É sempre bom matutar sobre esses acontecimentos, nunca se sabe o dia de amanhã. Aprenda a perdoar o alheio, essa é a regra de ouro. E não se esqueça de se perdoar também. Porque você não é assim tão inocente, com esse *shortinho* vermelho tão escandalosamente curto e apertadinho.

PUNHAIS

No meio da mesa
você entreaberta
espera para ser devorada.
Tua boca
entrefechada
é sol sem luz
surreal.
E os homens
vão se entregando
pontuais
ao teu certeiro punhal.
Fila de homens repetidos
sorriso forçado
olhar no chão.
Chamam isso de amor
doce aranha canibal.
Mas os homens
também são vampiros
minha querida.
Dupla punhalada
cada um
com a sua dor.

3.
VAGINA DENTATA

A primeira vez de estar com ela, gostei. Assim que começamos a nos esfregar, na cama, minha mão percorrendo seus pelos pubianos e carnes úmidas, perguntei, hesitante: "Você gosta de brincar no cuzinho?". É que o corpo dela se contorcia em demandas mudas, me obrigando a fazer aquela pergunta. "Eu gosto", ela sussurrou. Achei aquele "eu gosto" meio constrangedor, direto demais. Teria preferido, como resposta, um discreto "*hum-hum*" aceitativo, as pálpebras tremendo em pudicícia, um recatado baixar de olhos, talvez.

Culpa minha – eu é que tinha sido imbecil de usar a expressão ridícula "brincar no cuzinho". Ainda mais no diminutivo. Mas que outra palavra poderia ter usado? Ânus? Acho ânus vulgar, ânus tem cheiro. Ânus é saída de dejeção, imagino tripas internas convulsionadas em espasmos peristálticos, os intestinos forçando o bolo fecal por túneis internos, se espremendo em contrações. Cortei subitamente tais pensamentos de horror fisiológico. É preciso evitar imagens hiper-realistas, principalmente nesses começos de relação. Uma certa cerimônia, digamos. Enquanto me ocorriam tais especulações, meu dedo médio, o do meio, aquele que serve para mandar xingamentos em brigas de trânsito, entrou automaticamente na vagina da minha parceira, iniciando movimentos frenéticos de entra e sai, como se eu estivesse tentando desentupir um ralo. Meus ouvidos registravam, durante essa atividade, grunhidos amplificados de aiiihh! aiiihh!, o que eventualmente pode sinalizar a iminência de gozos incontroláveis.

Foi aí que me lembrei daquele meu compromisso lúbrico, inicial, quando mencionei a palavra cuzinho dentro da orelha dela. Eu me senti meio eufórico, exagerado, apostas corriam dentro de minha cabeça.

Será que vou me dar bem ou mal com essa mulher? Nesse estado de espírito atento, cuidei de retirar o dedo médio batalhador de dentro da vagina, conduzindo-o daí, meio braile, tentativo, até o buraco arfante que seguramente devia estar logo detrás. Pronto, o dedo encontrou a nova mina, desta vez anal. Entrou um pouco, mais um pouco e depois, inteiro, flupt, foi sugado por repuxos de uma intensa força gravitacional. Senti nítido o anel interno do esfíncter dela e fui tateando, encontrando como que pregas de carne naquela tubulação, que se mexiam em seguidos movimentos de constrição. Nos meus miolos estava aceso o módulo de atenção. Pensava: tem um hábito aqui nesta mulher, tem muita prática. A sugação seguia deliciada, escandalosa. Até aquele momento, meu gordo polegar estava mantido jogado de lado, distraído, acompanhando mecanicamente os movimentos do dedo líder, o do meio, em sua incursão anal. Coitado: o polegar quase nunca é chamado a frequentar as festas suntuosas que acontecem no "salão do amor", como se diz nos livros pornográficos. Mas podem-se fazer grandes coisas com o polegar, é leviano subestimar o seu valor. Trata-se de um dedo cúmplice e amigo quando devidamente convocado para cooperar com o dedo médio. Mudei minha posição na cama e empurrei esse dedão curto e canhestro para dentro da vagina, agora provisoriamente desocupada. Pronto: saiu um, entrou outro. O dedão se dobrou, meio ajoelhado, sem prática, para dentro daquelas vaginações inesperadas. Entrou. Nessas condições estava, pois, iniciada a parceria, os dois dedos se movendo cooperativamente, em ordem unida. Senti então vontade de encostar os dois dedos lá dentro. Esfreguei-os, um contra o outro, igual como se conta notas de dinheiro. Mas, em vez da familiar textura de papel áspero da Casa da Moeda, percebi que meus dedos apertavam uma membrana meio-carne, meio-músculo, uma espécie de cortina espessa de carne molhada, palpitante e firme, que separava a vagina do reto. Num açougue, pensei, ficaria horas procurando um pedaço de boi que correspondesse àquela carne curiosamente escorregadia. Alcatra? Lagarto? Coxão duro? Os dois dedos continuaram a contar, um real, dois reais, três etc. Outra vez, hora de mudar de posição na cama. Finda tal performance preliminar, aplausos: tinha chegado a hora gloriosa de tintilar o clitóris. Essa minhoca amputada é a chave do mundo. Se você massagear o clitóris de maneira apropriada, será premiado com uma gazua santo-graálica, milagrosa, que vai abrir tudo o que o mundo tem de bom. Mas, se além disso você se dispuser a lamber aquele unicórnio mole, que pende lânguido no frontispício da fenda feminil, aí então a mulher se jogará aos seus pés, agradecida, dispondo-se a aceitar quaisquer demandas que você faça. Tal atividade lingual costuma causar estremeções de uma agonia deliciosa, extrema. Não, decidi, não. Algo naquele momento me fez lembrar de Nero, o imperador romano dos livros de história. Dizem que certa vez ele resolveu conhecer detalhadamente os recessos do ventre de onde tinha nascido.

Dessa maneira, decidiu pesquisar o caldo de músculos e humores da vagina de sua própria mãe, para ver por si mesmo o lugar do milagre.

Nero deve ter se desapontado, no meio daquela sangueira, por não ter conseguido lá distinguir nada em particular, não mais do que se tivesse estripado um carneiro sacrificial. Os segredos da vagina não são desvendáveis com lâminas afiadas, mas com a imaginação. Pronto, minha parceira agora havia gozado. Parece. Sacudi Nero de minha memória, preferi me transmudar em Napoleão, antes da campanha da Rússia. Sou um vencedor, *allons enfant de la patrie le jour de gloire est arrivé*. Meu pau, naquela hora, já estava sendo manejado profissionalmente por ela, que me aplicava uma punheta feroz. Resolvi, entretanto, fazer-lhe entender, com certo cuidado cortês, que desejava que ela dirigisse melhor os seus esforços manuais, sugerindo que me punhetasse mais na cabeça do pau, em vez de apertar convulsivamente sua base, onde estão as raízes da árvore, digamos. De nada adianta ficar esmagando apaixonadamente aquela área, uma vez que lá os nervos do prazer estão amortecidos, inócuos. Não quero, neste relato, dar a falsa impressão de que sou um machão que gosta de mandar na cama, faça isso, faça aquilo, põe ali, tira dali. Em minha defesa, quero lembrar de certo dia, num desses encontros amorosos, quando ela decidiu me explicar, didática: "Os homens pensam que penetrar a vagina é o que a mulher mais gosta". Disse isso num muxoxo e ficou me olhando, esperando minha reação. Eu baixei os olhos, rendido, não sabendo se estava sendo repreendido num assunto tão sensível, que botava meus conhecimentos fodológicos em xeque. Fiquei como que morto, emudecido. Retomando as manobras amorosas: agora chegara a hora de um novo ato, ela estava nesse momento me chupando. Muito eficientemente, aliás, porque sua ânsia não era só lingual. Ela entrava e saía, me engolindo, os olhos enormes anotando minhas reações. Balançava a cabeça para os lados, chacoalhando, os cabelos suados. Como que orientados por um giroscópio, seus olhos continuavam iguais, fixos. Aconteceu então uma coisa interessante. Eu me ouvi falando, voz sussurrada: "Chupa, chupa que ele está todo molhado". Notei, surpreso, que eu havia optado por usar minha voz especial, que reservo para ocasiões assim. Tal voz sedutora eu a criei exclusivamente para momentos de amor. É uma voz especial, que quer alcançar uma certa rouquidão que imita um antigo locutor da Rádio Excelsior. Esse fulano costumava anunciar a próxima música clássica com enorme prazer orgástico: "E agora ouçamos a vigésima quarta sinfonia de Ruskro Tokillerwaden, sob a regência do maestro SchultzwWeis Valovenaafz da Orquestra Sinfônica de Valdik Sankoviski Orrov". Ele esporrava as palavras, escandindo majestosamente cada sílaba, pronunciando nomes estrangeiros com solene pompa e prazer, para minha eterna inveja, por conterem suas palavras tanta sonoridade e cultura. Quando eu imito aquela voz soberba, *fake*, sei que as mulheres param para me ouvir, é uma espécie de dom. Ela, nesse desenrolar, continuava mantendo sua boca ocupada. Fazia isso com grande habilidade e naturalidade. Vou gozar, meu Deus, vou gozar.

 Arqueei meus quadris para cima, jogando-os contra o teto, na iminência de correr na pista, decolar e sair voando, deixando lá embaixo tudo pequenininho, distante.

Mas relampejou dentro de mim a possibilidade perigosa de ela dar uma mordida no meu pau como se eu fosse um cachorro-quente, arrancando um pedaço sangrento, só para mostrar quem manda na hora de foder. Para, cabeça, para! Racionalidade, por favor, bota o pé no breque nessa besteiragem emocional e caia em si, camarada. E eu seguia, devorado pelo tesão. Mas tocava uma campainha de stall insistindo na pergunta que eu não queria fazer: de onde e como ela tinha adquirido tanta prática? Penso hoje que tal proficiência só podia ter sido desenvolvida em muitos anos de exercícios em camas, carros, elevadores, cinemas. Outros homens, muitos, ou talvez com mulheres de línguas grandes. Hoje, já separados como casal, acho que nunca lhe perguntei nada de verdade, só deixei rolar. Talvez devesse ter perguntado. Eu a imagino agora amarrada numa cadeira, luz do Dops na cara e meus braços sujos de sangue até os cotovelos, de tanto lhe dar porrada.

E repetindo: "Fala sua vaca, fala, vaca!" Mas falar o quê? Que interrogatório se pode fazer a uma mulher que já foi casada e viciada em Kama Sutra? E que já teve muitos amantes, PhD *cum laude* nas artes da enganação? E que enquanto transava comigo talvez até pensasse em outros, gozando secretamente dentro do cineminha pornô escondido no fundo de sua cabeça? Respondo: nada, não pergunte nada. É inútil ficar ciumento em retrospectiva. Agora ela tomou a iniciativa de perguntar: "De onde vem tanta intimidade entre nós? Logo da primeira vez?". Ela tinha lido meus pensamentos. Mas será que eu precisava mesmo responder essa pergunta, com obrigação de ser inteligente? Ou bastaria simplesmente ligar meu piloto automático e deixar minha língua pronunciar alguma besteira? Optei pelo silêncio constrangido.

Naqueles devaneios, imerso momentaneamente em especulações vagas, eu ainda não sabia, não suspeitava para onde aquele caso iria me levar. Eu estava só languescente, com a chave de ignição apagada. Aliás, nessas coisas todas que acabei de contar, fiz uma misturança, perdi a noção do antes e depois. Aceitemos isso, pois. Em minhas lembranças, hoje, sobraram só visões impressionistas, pontuais, do que me tocou mais. Eu, que tento me manter meio cético, homem do mundo, macho experiente, confesso que saí chocado daquele nosso primeiro encontro. Acho que tive uma noção de onde eu estava sendo jogado. Pressenti no ar sem chuva o cheiro úmido da tempestade se aproximando. O nome da moça não interessa. Já estou abrindo muitas intimidades, excessivas talvez. Neste momento tenho imagens na minha frente. Me lembro dela como uma projeção cinematográfica defeituosa, trechos de imagens passadas, bolotas mutantes em preto e branco, sombras passantes, polvos gráficos que esticam e se explodem na tela, em risquinhos manchados de cinza. Acaba o rolo do filme, a fita de celuloide fica girando e batendo em falso, cléc, cléc, cléc.

DERROTA

*Vivo morrendo
as mortes de quem não matei.
Podia ter matado
precisava ter matado
aqueles que não matei.
Também não me matei.
Expurgado do pecado
de não ter matado
e por não me haver suicidado
saio duas vezes derrotado
pelo que devia ter feito
quando podia fazer
e não fiz.*

4.
O MOEDOR

Casamentos demoram, demoram insuportavelmente para acabar. Na cozinha da minha avó tinha um moedor de carne. Ele ficava sempre parafusado na beira da pia, de tanto que era usado. Tudo o que sobrasse ia pelo funil adentro. Acertavam-se os furos de saída do aparelho, dependendo do uso daquilo que seria moído. Jogava-se lá dentro um pedaço de carne com músculo, ou um bife de fígado molenga, por exemplo, e saía regurgitando a carne moída, de cor misturada. Dava para fazer bolinho de carne (regulagem média), sopa de carne (regulagem grande) e assim por diante. Bastava girar a manivela e a carne ia sumindo lá dentro.

Casamento devia ser assim, igual. Podia-se lá colocar para moer os sentimentos havidos, os não havidos, os fingidos, as coisas passadas, as imaginadas, e daí pronto. O que era antes, não seria depois. Aquele velho moedor da minha infância, tão prático e prosaico, sempre me deu medos. Demorei anos para entender o simbólico daquela moeção. Num casamento despencante, por exemplo, vejo hoje que um moedor seria utilíssimo. Depois de uma discussão devastadora, podia-se ir ao moedor, ajeitar a mão esquerda lá dentro e girar a manivela. Depois, tirava-se o toco sangrante, arranjava-se a gravata com a outra mão e ia-se trabalhar, dever cumprido, a esposa vingada pela devastação aleijante.

Mas se por um milagre esquisito, de algum modo, durante a rotina do trabalho, o toco de mão se recompusesse, você voltaria para casa sem comentários, como se nunca nada houvesse acontecido. Contudo, verdadeiramente, aquela mão nunca voltaria a ficar igualzinha. Se você prestasse atenção, descobriria depois, casualmente, a falta de um dedo, um metacarpo. Mas, graças a Deus, quatro dedos sempre seria melhor do que nenhum. Os filhos também teriam um papel importante nessas maquinações *autoinflingidas*. Ou infligidas, fazer o quê? Se você quisesse, num acesso de fúria, enfiar o braço da sua Senhora dentro do funil, à força, as crianças sempre poderiam interromper o justiçamento, chamando sua atenção inocentemente, contando o que lhes havia acontecido naquele dia na escola. Dizer como tinham desenhado a figura de um porquinho, um arco-íris, um laguinho com patos, queixar-se de um amiguinho que lhes houvesse puxado os cabelos, coisas assim. E o braço da Senhora ficaria a salvo.

Mas não se pode assumir que as crianças sempre estivessem presentes, quando das ânsias assassinas.

O jeito, então, seria comprar mais dois ou três moedores, dos novos, elétricos, com motores fortes. Um só para o quarto, outro para a sala, outro ainda para o terraço, onde, presumivelmente, as crianças não ouviriam os gritos. Tais acontecimentos, pode ser que, às vezes, espantassem a vizinhança. Na hora de moer, o tronco e a cabeça, sem considerar os quadris, são itens da maior dificuldade. Idem o coração, que todo mundo acha fragilíssimo.

Na maioria das vezes, porém, tais operações de esquartejamento aconteceriam quando o coração já tivesse sido extirpado. Ele, aliás, talvez nem mais estivesse naquele corpo. Quem sabe, adrede, se tivesse ido para bater com o coração do seu melhor amigo, sem você saber. Dois corações floreados, colibris se fartando de pólen, delicadamente, com seus bicos compridos. Chilreando, esvoaçando alegremente. Ou, quem sabe, tal coração houvesse decidido agora se deleitar em esfregações libidinosas com uma amiga íntima.

Por sujar o chão da sala e manchar de sangue os sofás, em caso de divórcio, os moedores acabaram por se tornar progressivamente obsoletos.

Foram substituídos por palavras duras. Ajuntada meia dúzia de palavras, dispostas de maneira apropriada numa frase, elas têm o poder de serrar ou esmagar qualquer osso do corpo.

Ou esgotar litros de sangue pelas veias. Ou retirar pelo ouvido um cérebro, talvez inútil. Tenho algum conhecimento pessoal em casos parecidos.

Minha experiência é que sempre saímos de um casamento ou de uma relação de amor invariavelmente aleijados. Uns poucos confessam, honestamente, que soçobraram. E põem-se, se lhes for dada a oportunidade, a despejar uma litania de sofrimentos em cima de pessoas distraídas, na tentativa de explicar como os seus órgãos se tornaram falidos, arruinados, por culpa de outrem. Mas sempre há esperança, claro. Pode acontecer o milagre de alguém encontrar outra pessoa, também devidamente aleijada, que complete seu membro faltante.

Alguém com a perna direita decepada pode encontrar outro alguém com a perna esquerda aos pedaços e os dois decidirem formar um novo par.

Eles podem ficar treinando andar juntos, aos tropeços, com um sorriso fixo de bonomia no rosto, fingindo que ninguém está a lhes perceber a precariedade.

E há os que se tornam definitivamente solitários, depois de separações dolorosas, guardando seus pedaços perdidos em grandes vasos transparentes de formol.

Depois do jantar, quando a cidade se aquieta, sentados em seus sofás, eles põem-se a observar filosoficamente suas antigas peças anatômicas, ali, boiando. Sei lá. O amor não deixa jamais o velho moedor de carne perder a sua serventia.

POLVO

Quero um sim
você me responde um não
juntando ao não
muita explicação.
Diz que esse não
é igual a um sim
só que
com alguma restrição.
Questão de semântica
igual à teoria quântica.
Me perco por aí
mas finjo que entendi.
Você, polvo hesitante
eu, peixe atordoado
me debato, exasperado
na tinta preta
da tua mente.

5.
METADE DA TERRA

Metade fica no escuro. A outra metade, se vista de uma estação orbital, fica rebrilhando ao sol. Mas nem sempre o globo terrestre se comporta assim. Em certas épocas, a terra fica toda embrulhada na Grande Noite, que é quando ela se envolve numa única escuridão.

Olhada de longe, não existe quase luz nesse pretume, a não ser a irradiada por metrópoles gigantescas, habitadas por bilhões de pessoas. Essas cidades, vistas lá do alto, parecem montinhos de fagulhas de fogo, tremelicando. Não apagam totalmente, nunca. Você pode virar a cabeça 360°, arrodeando em torno de si mesmo e olhando. E constatará que essa densa escuridão pontilhadazinha é igual em todas as latitudes e longitudes do mundo.

A Grande Noite não está descrita nos livros de geografia.

Qualquer pessoa normal sabe que ela não existe de verdade. É só uma invenção, uma irrealidade que acontece dentro da cabeça de certas pessoas fracas de espírito. Que são como crianças com medo do escuro, vendo e ouvindo coisas. Eu sou uma dessas pessoas. Me assusta o que não consigo ver, o que não posso entender. Para fugir dessa escuridão, indo em direção à Luz, corro desembestado pelos continentes, pulando rios, percorrendo desertos e também nadando com todas as minhas forças por oceanos, vou indo. Não estou sozinho nesse triatlo. Vamos em pequenos grupos e às vezes, exangues, paramos para esquadrinhar de novo os céus, buscando uma réstia prateada que porventura apareça no firmamento. E ela aparece, quase sempre.

É um reflexo quase lunar, que permanece curvado no horizonte, rebrilhando como uma lâmina de Madagascar. Batizamos aquela borda iluminada de Terra Minguante, pois ela segue fininha pelas beiradas do mundo. É um Sinal.

Um ímã que atrai todos os que se sentem apertados nas escuridões da vida, acuados e subjugados até onde não dá mais para recuar. Mas tem-se que correr depressa para chegar lá, nadar depressa, porque a qualquer momento a iluminação desaparecente pode acabar. Estou cabeceando de cansaço, tentando distinguir qualquer resto da Terra Minguante, enquanto converso com a mulher que janta comigo. Minhas pálpebras tremem levemente no esforço de concentrar atenção. O restaurante está cheio, as luzes são calculadas para você se sentir bem, os garçons são prestativos, navegando pressurosamente suas travessas por entre as mesas. Ela, sentada na minha frente, me olha, curiosa. Levanta os talheres no ar, como um maestro regendo com duas batutas, e pergunta, direta, "Você está triste?". Eu devia estar, e muito. Apenas não sabia o que responder.

Mas falei, "Estou. E este é o último jantar que vamos ter em nossa vida". Notei os talheres dela voltando vagarosamente a se depositar ao lado dos pratos. Olhares grandes. Insisti, sem ânimo, "Acabou, acabou. Não vou explicar, não quero dar explicações, acabou."

Ela, fúria sob controle, "Você sabe exatamente a razão de termos acabado, não? Você sabe." Eu não sabia, só sabia que não queria perder aquele restinho de luz prateada, já quase finita. Consternação. Mas nos últimos dias, tudo estava assim, em voz baixa. Nossa intimidade antiga saía fingida, as risadas tinham sempre um ahh a mais, o sacolejo sincopado das gargalhadas soava falso. Pegávamos na mão um do outro, andando pelas ruas, passeando por Lisboa, e elas ficavam transformadas em hidrantes quebrados, umidificando suor exagerado na palma das mãos. Disfarçadamente limpávamos na roupa, preferindo carregar uma detestável sacola a nos submeter àquela forçação de mãos dadas. E o nosso amor, e o nosso amor? Tanta gente na rua passando por nós, alegre, as vitrines oferecidas com tanta coisa bonita e maravilhosamente inútil. Tudo chato, eu propositalmente desmemoriado. Uma vez, anos atrás, alguém pediu o nome de minha mãe para botar num documento. Eu forcejei e não consegui lembrar, vergonha, naquele dia eu estava lerdo como hoje, sem sintonia fina. Minha mãe, como ela se chamava mesmo? Depois daquele jantar em que deixamos quase tudo nas travessas, o garçom perguntou se havia alguma coisa errada com a comida, com um jeito meio desculpativo.

E nós, joviais, respondemos que não! não! absolutamente. Mas o vinho, bom vinho português, ficou na garrafa, nos copos. Se o garçom perguntasse meu nome, naquele momento, de repente, eu nem saberia o que dizer. De tanto que havia perdido identidade, de estar correndo para fora de mim mesmo. Ela me olhava, séria. Eu, olhos baixos, observando meus dedos polegares, que giravam em círculos curtinhos.

Nesses momentos costuma-se, metaforicamente, jogar restos de comida, um no outro. Fúrias assassinas e um enorme sentimento de autopiedade assolam a alma, justificando violências. Refreiamo-nos, porém, desses exageros, civilizadamente, o que é mais uma prova do amor exaurido.

A mulher à minha frente tinha uma amiga e as duas tinham combinado de sair juntas, em viagem para fora de Paris, depois do trem do dia seguinte.

A amiga me detestava, sentimento mútuo. Imaginei se elas não se amariam, secretamente. Imaginei-as lambendo uma à outra.

Altas conversas à noite, as duas exangues de tanta esfregação. Podia ser. Ou podia ser que era um homem quem a aguardava em algum lugar.

Ou podia ser nada, só paranoia minha, sentimentos persecutórios, eu encolhido, com medo, ajoelhado no escuro, a cabeça escondida debaixo dos braços apertados. Eu não tinha querido nem dar explicações nem ouvir explicações, não foi? Que importavam então os fatos reais? Interpretações dos fatos só ficam interessantes dependendo de onde você esteja com a cabeça. Ciúme? Do quê? Se nosso caso se encontrava morto, bem ali na frente até do garçom, a quem pedi para retirar o cadáver esticado de cima da mesa? Todos já sabiam, em nosso universo dividido de lealdades, os amigos dela, os meus, todos torciam por um rompimento rápido, de guilhotina, do que havia sobrado de nosso amor. Indo de volta para casa, lado a lado, ela insistia em perguntar, sem perceber que o minguante já se tinha apagado. Agora eu perdia, de novo, energia. Precisava me preparar para a solidão, esta era a prioridade. Tinha que sobreviver para enfrentar a tristeza de passar o próximo natal sozinho, fins de semana tediosos, filmes na TV à noite, grandes silêncios. As conversas vazias. E ler, ler variações de tudo que já li. Decidi ir seguindo assim, desse jeito mesmo, nas próximas semanas, esbarrando em outros desacompanhados, igualmente desistentes do consolo de estar em casal. Vivendo a rotina das pequenas coisas, mas querendo acreditar que todas as coisas são pequenas, afinal. Alguma mulher, outra, ou outra teria que aparecer em minha vida. Mas me enfadava tanto a tarefa de precisar, outra vez, me explicar, me traduzir. Melhor trancar a porta ao perceber alguém girando a chave, querendo me escarafunchar. Agora o céu está em cores revoluteantes, capricho de algum Deus impressionista. Mas está na astronomia o saber dos movimentos das estrelas e dos planetas. Fala-se que a Grande Noite vai ficar de novo minguante. Pode ser. Se apenas eu conseguir esperar o suficiente.

SOFRIMENTO

*Agora que
não sofro mais
sofro outra vez
porque antes
ao sofrer
achava que vivia
sem saber que
enquanto isso
aos poucos
eu morria.*

6.
SOBROU PASTA DENTAL

Sei que sobrou alguma pasta dentro do tubo. Dou uma boa espremida nele, depois outra. Não sai nada. Desamasso então as dobras do tubo, pressionando-as diligentemente com o polegar. Nada. Resolvo então aplastrar o tubo por inteiro, usando o cabo do pente como se fosse um rolo gigante. Passo em cima dele usando todo o peso de minha mão. Pronto. O tubo continua lá, em decúbito ventral, morto, esperando providências. Então decido dobrá-lo aplicadamente, centímetro por centímetro, como se ele fosse um rocambole. Ainda não sai nada. Insisto, raspo o tubo outra vez de cabo a rabo, até o rocambole se desenrolar todo e ficar bem achatadinho. Bom. Pelo menos nele agora já se pode ler "pasta dental". Me dou esperança: nas partes ainda desamassadas, umas pouquinhas escondidas, pode ter sobrado um restinho de pasta. Olho para dentro da boca do tubo, que fica enorme, visto assim de perto. Dá para vislumbrar algo naquele fundo de poço. Pego o tubo pela gola e aperto meu dedão no ombro redondo dele, com força, pressionando sua parte dura, que cede. Sai um pouco de cobra azul de dentro da toca. Mas se afrouxo o apertão, a cobra volta para dentro do buraco, sumindo de novo. Forço, outra vez.

E num gesto rápido, degolo a cobra com as cerdas da minha escova quando ela aparece distraída, olhando para fora. Já dá para uma escovação, vitória. Consegui um pedaço de pasta dental. Será que pode ter sobrado mais alguma mixaria escondida nesse tubo moribundo, será que ainda tem para escovar os dentes amanhã cedo? Senão preciso ir já até a farmácia comprar mais um tubo, coisa aborrecida. Enxáguo a boca em água corrente, faço um bochecho na frente do espelho. Cuspo e o cuspe grosso desce devagar para dentro do ralo da pia. Olho os meus dentes dentro dos lábios arreganhados. Me bate uma melancolia que não consigo justificar. Espio em close cada ruga do meu rosto, elas correndo paralelas e apertadinhas por fora das pálpebras e se espalhando depois, cada uma numa direção, vertiginosamente. Faço caretas. Identifico olhos cansados, pálpebras túmidas, inchadas. Perto do nariz, um comecinho de espinha. Um cravo? Decido agora examinar de novo o tubo desprezado, que está caído atrás do copo. Examino-o cuidadosamente. Já sei, sou tomado de uma eufórica epifania: esse tubo de pasta dental é uma metáfora, uma maldita metáfora.

É que também, dentro de mim, só deve ter meio centímetro de não sei o quê.

E não aguento mais ficar me espremendo, me espremendo. Seu puto, masoquista, me acuso. Vou me dar um tempo, preciso pensar nisso, depois desse impulso de autocomiseração. Talvez ainda não seja a hora de me jogar fora, no lixinho do banheiro, de qualquer banheiro, calma. Então eu pego aquele tubo vitimado e rosqueio novamente sua tampa, dando-lhe voltas, carinhosamente, uma depois da outra, com amor controlado. E guardo aquele pobre tubo torturado dentro do armário, ondas de remorso. Resolvo me examinar de novo. Noto que um pivô na frente já está mudando de cor.

O dentista errou o tom, e eu também estou fora do tom. Além disso, tem outra peça, como falam os dentistas, que está colada provisoriamente.

Preciso voltar lá para cimentar em definitivo, lembro.

Ela já caiu uma vez, quando eu comia uma azeitona e mordi um caroço duro. Foi um vexame que consegui disfarçar, pedi desculpas, preciso ir ao banheiro, desculpe, insisti com os lábios semicerrados, para que não vissem o buraco vazio na frente de minha boca. Não ri, nem falei mais a noite inteira. Mas foi engraçado aquilo, uma história patética. Não. Não foi engraçado. Bato agora os maxilares, um contra o outro, testando! testando! um-dois, um-dois. Sinto meus dentes como se fossem todos de vidro. Ontem, uma mulher sedutora me convidou para jantar em seu apartamento. Velas acesas, notei que meio derretidas, devem ter bruxuleado em alguns outros teatrinhos de sedução, imagino. Fui lá, conversei, mas eu não estava a fim, desviei gentilmente dos assuntos que insinuam intimidades.

Patati-patatá cansativo, já passei por uns quarenta mil papos iguais, que noia.

Na saída ela pediu, voz amornada pelo vinho, "Ao menos posso te dar um beijo na boca, de despedida?". E pegou minha nuca, me atraindo, num puxão forçado.

Sustentei a cabeça para trás e expliquei, desajeitado, "Desculpe, não sei beijar, acho que nunca aprendi direito". E ela, me gozando desajeitadamente: "Três casamentos e não aprendeu a beijar?!...". Fui fechando a porta devagar, sorrindo formal, gentilmente gentil. Burro. Eu não devia ter subido naquele prédio, tocado aquela campainha, entrado por aquela porta. Se a vida tivesse *rewind* eu teria apertado esse comando.

Enquanto esperava o elevador, olhando reproduções de cenas de campo inglesas, com cavalos e pradarias, molduras douradas e descascadas artisticamente, me ocorreu que aquela mulher, afinal, tivera sorte. Pois eu quase lhe respondi na hora a única verdade que poderia ser dita.

Por que eu não a havia beijado? A resposta seria: "Ora, querida, não vou beijar tua boca, porque você de repente me dá uma chupada muito forte e engole meu dente provisório... e daí vou ter que esperar até amanhã cedo para você cagar meu incisivo superior." E caso tal frase soasse um tanto indelicada, eu sempre poderia acrescentar um obsequioso "Desculpe".

LUSCO-FUSCO

*Cinco horas, seis
o dia, dissimulado
já se passa
para o outro lado.
Ainda não é noite
já não é mais dia
lusco-fusco, bruxuleio
tudo está pelo meio.
E no tempo certo
a lua rolante
passa de novo
indiferente
no céu estrelante.*

7.
TURMA DA FACULDADE

O pessoal queria arrebentar. Sexta, sábado, rondávamos o entorno, rosnando. Numa dessas noites desocupadas, resolvemos invadir o Cemitério da Consolação. Pulamos o muro, um ajudando o outro. Lá dentro, depois de alguns passos, o barulho das avenidas ficou lá fora, longe. Paramos e nos apoiamos num túmulo, para conversar. Alguém acendeu um cigarro. Senti que o tampo do túmulo se deslocou um pouco, empurrado pela minha bunda. Disse, "Olha, esse mármore aqui... está solto. Quem é o corajoso de pular aí dentro?". Nada, nenhum candidato a herói. Pedi uma força e uhhhh!, arrastamos juntos o tampo, atravessado sobre o túmulo escuro. Meti as pernas lá dentro, sentado na borda fria. Uma escada. Degraus de madeira, dessas de pedreiro, tateei com os pés. Sussurrei com voz de filme de terror: "Tem uma escada de pedreiro, aqui..." Silêncio, dos outros. Resolvi então descer. Um degrau, dois, três, cheguei ao fundo. Apalpei. Um caixão, exposto. Um caixão? "Tem um caixão aqui..." Os outros, me gozando lá de cima: "Ahhh, tem um caixão! Ahhh, então abre ele, porra." Hesitei. Fodido por fodido, fodido e meio. Levantei a tampa pesada do caixão com as duas mãos. Depois, segurei-a só com a mão esquerda, mantendo o caixão semiaberto. Com a direita, apalpei seu conteúdo, meio braile. "Tem uma pessoa aqui. Peguei num pé. Tem um sapatinho com meia." Os outros, "Então pega, pega, seu!", vozes incrédulas, em zombaria. Peguei. Mas o pezinho não saía, estava preso por tendões ressequidos, como descobri depois. Torci um pouco. Pronto, desatarraxou. O sapatinho estava em minha mão e dentro, um pezinho pequeno, de criança. Lá em cima, silhuetas de cabeças tentavam ver o que estava acontecendo. Fechei o caixão, deixando cair a tampa. Thump. Os outros, alarmados: "Que foi? Que foi?". Subi as escadas e exibi meu troféu. Já havíamos acostumado os olhos à escuridão, mas mesmo assim precisávamos conferir, tocando aquela coisa com os dedos. Cheiros mofados. Um dos caras falou com nojo, "Noooossa, que horror." Puxamos cuidadosamente o tampo da sepultura de volta, encaixando em seu lugar original.

 E fomos andando para sair do cemitério, que agora parecia hostil. Apressamos o andar, silêncio constrangido. Meu amigo Harry resolveu fazer graça pegando uma braçada de palmas floridas que estava por ali, no vaso de um túmulo. "Hummmm, cheiroso." O Harry brandia a braçada, jogando respingos de flores molhadas em cima dos outros. Perfume forte, farfalhos. Vozes: "Vai prá lá, porra!". Voltamos ao mundo das luzes pulando o muro outra vez, a avenida com poucos carros trafegando. Parecia que todos olhavam para nós, de dentro dos botequins iluminados em amarelo. Nossos amigos debandaram, indo embora, sem mais papo. Sobramos o Harry e eu. Que fazer com o aquele pezinho defunto? "Vamos botar fogo nele lá no pátio da igreja do Divino, tudo bem?".

Enfiei a peça no bolso, que ganhou volume. Chegamos lá, altas horas. Será que o Harry tinha fósforos? Tinha, um isqueiro. Tsc, tsc e a chama brilhou.

A pecinha macabra começou a pegar fogo, primeiro devagar e depois vertiginosamente, num incêndio. Joguei-a depressa no chão, para não queimar os dedos. A fogueirinha ficou azul, azul-acetileno, labaredas pulando. Chutamos os restos. Merda, merda, sempre sobrava um carocinho quente ardendo. Fomos embora, embatucados. Nuvens baixas percorriam o céu de piche, cheias de intenções, olhando para baixo. Estávamos como que dentro de um porão, sob uma abóboda de estrelas que não víamos. De vez em quando uma onda gelada me corria o corpo, esfriando a espinha em plena noite quente. Tchau, tchau! E caminhei sozinho de volta para minha pensão. Naquela noite, dormi e acordei, dormi e acordei, sem parar. Desacertos de alma. Vida sem solução. Mijei mil vezes, numa via sacra de mijo, direto na pia do quarto, sem coragem de enfrentar o corredor escuro onde ficava o banheiro. Meus companheiros de quarto pareciam mortos, de não se mexer nem respirar.

Dia seguinte, cedinho, o Harry me acordou e fomos tomar uma média, queria me contar umas coisas. Seguinte: ele havia levado para casa o seu maço de flores brancas e grandes, espólio do cemitério. Em seu quarto, resolveu colocá-las num vaso, em cima da penteadeira.

E para refrescar, abriu as janelas, de par em par. Já deitado, o telefone tocou.

Ele atendeu. Do outro lado, silêncio. Deitou, virando para o outro lado. O telefone tocou de novo. Atendeu e afinou o ouvido, tentando captar alguma coisa.

Nada, só um zumbido esquisito, parecendo lamentações longínquas. Desligou.

E o telefone tocou outra vez, inacreditavelmente. Puta que pariu! Já com medo de que se tratava do fantasma de quem havia roubado as flores, o Harry decidiu nervosamente jogá-las fora, todas, pela janela. Até o vaso foi junto. Deitou-se e colocou sobre a cabeça um cobertor.

Apesar do calor, ficou suando e entrincheirado a noite inteira. O telefone emudeceu.

Agora, em plena manhã, radiando cedinho o azul de verão, fingíamos uma jovialidade divertida. A noite passada estava a quilômetros de distância. Disfarçávamos. Mas nosso ânimo estava desconfiado. Fomos para a padaria da esquina. O povaréu do batente se agitava em torno do balcão, conversas animadas, risadas e falas nordestinas, iniciando a batalha de cada dia.

Nós tomamos a média sem vontade, o café com leite estava frio e com açúcar demais, uma porcaria. Salvava-se o pãozinho tostado na canoa, escorrendo margarina pelos lados. Mas reclamar o quê? Me faltava a energia para discutir com o português botequineiro os méritos da média. Fomos depois andando, só andando. Árvores com raízes esmagadas e retorcidas tentando sair do sufoco de calçadas cimentadas, fiação elétrica preta e pesada pendurada nos postes, alguma mulher passante, um caminhão de onde eram descarregados imensos bujões de gás, com estrondos tremendos, vingança dos carregadores. Cada assunto nosso ia um pouquinho para a frente... e minguava sozinho. Os quarteirões mudavam de forma. Não mais quadrados, nem redondos, nem losangos, nem fatiados em ruazinhas estreitas. Andávamos assim, sem GPS. Cores mutantes, eu não estava acreditando. Evitamos falar disso em voz alta. Sabíamos só que havíamos desafiado alguma coisa grande, noite passada. E havíamos perdido.

E estávamos perdidos.

Alma de papel

Falei coisa e tal.
Nada de absurdo ou anormal
só um diálogo
cotidiano igual
nem Nietzsche, nem Sartre
ou poema da Sylvia Plath.
Mas algo eu disse
que não sei o que disse
e ela virou papel.
Se transmudou
em simples página
e caiu no chão
esparramada.
Desde então
a cada meu olhar
gesto ou palavra
ela deixa de ser vivente
para ser coisa ausente
me demandando óculos
para decifrar
essa folha desdobrada.
Mas lá não tem nada escrito.
Para mim, espanto
aquela sua alma de papel
sempre estará em branco.

8.
ATRAÇÕES

Era um ímã invisível que nos atraía e repulsava, a Ivanna e eu, sempre, vezes e mais vezes, como a provar que nunca poderíamos ficar juntos. E sem coragem de nos largar. Histórias assim acabam mal. Foi o que aconteceu comigo. Meu encantamento inicial só pode ser explicado por um vazamento nos dutos internos de serotonina que de repente se desatarraxaram soltando um fluxo que me inundou. Meu cérebro soçobrou na excitação, derretendo fusíveis em curto-circuito. Ao vê-la pela primeira vez, fiquei paspalhado. Raciocinei, porra, só quero ter essa mulher na minha cama, não na minha vida, não quero mais complicações com mulher, só cama. Mas então eu não sabia é que – dependendo – a cama pode ficar enorme, gigântica, desbordando do quarto para a sala, descendo as escadas, saindo pela porta, escorrendo pelo mundo, nós dois nus, grudando e desgrudando, na busca de mais um engate. Cama desnaturada, obrigando a foder, foder, foder.

Ivanna era que nem uma pintura do Picasso, fracionada, bidimensional. Tinha lábios carnudos, soltos no espaço. Dois olhos desmesurados, *sanpaku*.

Peitos que balançavam hidraulicamente, ocupando a atenção das pessoas, principalmente dos machos. Usava, estrategicamente, decotes de precipício. Pombagira morena. As pernas. Suas coxas eram pesadas, os passos andavam meio abertos, preguiçosos, quinze para as duas, como num permanente convite para serem separadas, premiando o esforço com um sexo quente e meloso.

Mas quando ela abria a boca saia lá de dentro um enxame de letrinhas que não conseguiam formar nenhum pensamento interessante, nada que desse vontade de continuar tentando uma conversação banal que fosse. Começamos a namorar, sem nenhuma esperança mútua, na antecipação quase certa dos desastres que nos esperavam. Certa vez, cavalgando-a por trás e segurando seu rosto com as mãos, percebi que ela chupava gulosamente os meus dedos que, antes, tinham se lambuzado no seu suco vaginal.

Foi essa descoberta que se tornou o alicerce secreto e não falado sobre o qual construímos nossa relação amorosa, o cheiro úmido de sexo. Sexo, não, *buceta*.

Cada vez que brigávamos, o entrevero tinha que acabar na cama. E pronto, sai um suco de vagina bem fresquinho para aquele senhor lá na última mesa!

Quando terminamos nosso caso, pela vigésima/milésima vez, soube que Ivanna havia se envolvido com uma cantora, dada a namorar mulheres. Depois disso, quando essa namorada dela aparecia cantando na TV, eu ficava reparando no tamanho de sua língua.

Meu segredo, que havia garantido nossa desgraçada dependência mútua, tinha acabado. Mulheres tinham entrado no páreo. Eram profissionais. Eu já não tinha mais o segredo sacrossanto que fazia Ivanna praticar amor com tanto tesão. Ela se abrira para o mundo, agora consciente do poder de seu perfume afrodisíaco.

Que mais além disso, contabilizo agora, que mais a Ivanna me deixou? Será que tenho que cheirar meus dedos para imaginar alguma venturosa vez em que ficamos juntos, suados, olhando o teto, depois de fazer amor?

Sobrou daquilo tudo, acho, o suco preto do desencontro. Só se admite o fracasso do amor depois de fracassar tanto que nem se reconhece mais o que é fracassar. Então, já se fracassou fora de medida. E o remédio para isso parece ser a eliminação física da causa do fracasso, tornado absoluto, insuportável. Você ficou sem direito de posse, sem título de propriedade, nem usucapião. Compreendo bem a passionalidade, aquele assassinato que depois ganha nas manchetes dos jornais o título de crime desnaturado. Compreendo. Ou justifico?

Certa vez, ela foi para o Rio e atrasou um dia a sua volta a São Paulo. Fui buscá-la no aeroporto e quando ela apareceu no saguão de desembarque, queimada, lindésima, soube instantaneamente da sua traição, olhos criminosos arrependidos. Peguei-a pelo braço, deixando nela marcas roxas que duraram semanas. Comecei um duro interrogatório no carro, indo para casa. Ela, chorosa, culpada, culpada, culpada. Claro que fodemos muito, aquela noite. Dias depois, me aparece uma gonorreia.

Eu fui mijar, apertei o pau para balançar e estava lá a gota de pus denunciadora, saindo de dentro de mim. Ivanna não estava por perto, naquela hora.

Comecei a arrebentar a nossa casa. Cortei todos os vestidos dela com um canivete, estourei o vidro da TV com chutes, derrubei a geladeira, ficando ela com a porta aberta, despelancada, empurrei para se espatifar toda a louçaria.

E desesperava enquanto, na destruição, lágrimas inoportunas me tiravam o foco.

Foi quando descobri, no fundo de um armário, escondido, um pacote amarrado, papel pardo. Cheiro forte de mato queimado. Era maconha, espremida em pacotes. Ela tinha trazido maconha para algum traficantezinho amador, certamente o cara com que ficou, no Rio. Nesse paroxismo, olho o teto branco, que agora não mais está branco. Ele tem respingos largos de sangue. Meu sangue. É que enquanto arrancava a forração dos sofás, as cortinas, os vestidos coloridos com flores, a lâmina do canivete se havia fechado, quase decepando meu polegar. E eu nem tinha percebido o corte fundo. Tentei recolher meu autocontrole e prestar atenção, não era só o teto que estava vermelho. Tudo sangrava. Deito na cama sem lençóis, respiração pesada, colchão rasgado, as molas escancaradas. Olho minha mão que agora está pulsando no latejamento do meu coração, escorrendo líquido quente.

Levanto da cama esfarrapada e consigo embrulhar o dedo num pedaço de pano de prato, que logo fica empapado de vermelho. Me sinto afogado, parece que estou gemendo, gritando, mas não tenho certeza. Ainda hoje essas imagens me causam fibrilações cardíacas.

Vou parar por aqui. Não conto mais nada, um dia, talvez. Um dia quando eu puder mentir que essa história toda ficou no passado, que até já esqueci.

SAMSARA

> *Para recomeçar*
> *é preciso jogar*
> *o passado para trás*
> *antes do último fim.*
> *E viver a vida*
> *desse fim para a frente*
> *e não do fim para trás.*
> *Só assim*
> *se pode chegar*
> *a um novo fim*
> *para tudo*
> *de novo recomeçar.*
> *Senão os novos fins*
> *vão sempre se repetir*
> *e o samsara*
> *nunca vai ter fim.*

9.
WIND SHEAR

Tradução: tesoura de vento. É quando um avião perde a sustentação, de repente. Do nada, absolutamente do vazio, surge uma bolha de vento cruzado, que estava escondida no espaço. O avião vem distraído quando, assustado, despenca lá do alto. Ótima metáfora para os acidentes da vida, quando tudo desanda, sem nada que sinalize o desastre próximo. De quem é a culpa se o avião cai? Dos ventos, que traiçoeiramente atacam sem avisar?

Minha explicação fatalista é que tudo se espatifa, por que não o avião?

A subitaneidade das coisas é que alarma e exaspera. Por que, por que justo naquela hora tão desprevenida, por que o avião caiu? Eu falei com meu amigo meia hora antes, me chamou do aeroporto, estava tudo OK, aquele papo de "Oi, tudo bem?". Mas não estava tudo bem.

Os anúncios fúnebres costumam ser mudos ou muito sucintos a esse respeito, infelizmente. Eles deveriam ser mais explícitos e contar tudo, para que pudéssemos aprender a nos desviar melhor das circunstâncias da morte. Do que foi que ele morreu, ataque cardíaco? Mas operou? Não deu tempo? Explique direito, por favor. À falta de informações detalhadas, depositamos, preocupados, a mão em cima do próprio coração para verificar se ele continua batendo. Está. Mas não está. Na realidade da realidade, você está defunto. O *wind shear* já chegou. Vai-se brincando de viver e, de repente, acabou. Ou se envelhece. E isso não acontece devagar. Mas as eternidades do teu percurso pessoal só valem para você, para o teu susto particular. As outras pessoas ficam distraídas com suas próprias eternidades. Está-se jovem num momento e, no próximo, você sabe.

Não tem nada a ver com rugas que vão surgindo, da cintura que alarga, do mal-estar difuso e permanente. É mais como o toque da campainha no colégio.

Bzzzzzzz! Recreio!!! Você levanta da carteira e vai, empurrado e empurrando; chega até a porta, ao corredor. Chegou, no meio da zoeira da molecada. Mas agora, nestes tempos, depois do bzzzzzz!, todos os coleguinhas desapareceram e você fica sozinho naquele corredor comprido.

Você está velho, ou doente, não quer morrer e está com medo. Seu ouvido interior fica alerta, tentando imaginar se a campainha tocou mesmo. Se tocou, você sabe que ela não está mais chamando para o recreio. Como será que os anos passaram tão depressa? Injusto, logo agora que estava começando a aprender. Você tem só um problema de embalagem vencida, pensa. Mas lá dentro está tudo bem, certamente. Não está, *sorry*. Você não é mais o garotinho da mamãe. Nem a sobrinha queridinha. Você fica então esperando que alguém desminta esse sentimento de *wind shear*. Mas até um idiota reconhece os sinais. Por exemplo: quando as moças bonitas vêm vindo e passam por você, literalmente, sem um olhar. Por efeito de computação gráfica elas cruzam por dentro de você, saindo do outro lado do seu eu, sem nem perceber. Você não existe.

Não adianta ficar de boca aberta. Você não existe, mesmo. Isso não seria de todo ruim, se você não se importasse. Mas se importa. E a falta de resignação transforma você num híbrido, buscando esticões de pele, implantes, falsificações várias. Para enganar quem?

Enganar você mesmo, porque os outros já estão te avaliando como se você fosse um peixe vermelho nadando no aquário azul de um restaurante chinês.

Todos sabem, você sabe, que dali a pouco (um mês, um ano, dez anos?) algum garçom ou até o próprio cozinheiro vai chegar ali e te arrebatar, direto para a panela de água quente, sem que você possa fazer qualquer coisa.

Os outros, os que ainda não se veem como peixes, disfarçam e olham para o lado, sobranceiramente. Eles não se apercebem, esses vizinhos distraídos, que eles também são peixes, não querem se reconhecer. E continuam, cada um deslizando garbosamente dentro dos seus próprios aquários. São milhões de aquários que se movem numa cosmogonia bizarra, desfilando na vitrine de um restaurante maior ainda, astronomicamente imponderável de tão enorme e que ainda assim continua crescendo. É tão monumental de tamanho, mas tão monumental que a sua descrição pede zeros repetidos ao infinito depois do número um.

Tão grande é assim esse lugar onde se comem os peixes. Quem percebe tais estranhezas se revolta, entra em depressão, não aceita, fecha os olhos com medo da hora em que a Mão vem buscar. E há os que se dizem Seus intérpretes e até acreditam nisso. Outros fazem as pazes consigo mesmos, aplacando sua angústia ao se imaginar como parte do próprio corpo do número um, postados em adoração, repetindo em línguas ininteligíveis os seus mantras consoladores.Tais as gabolices e arrogâncias. Comentar esse assunto sem saída é o mesmo que tentar medir o infinito com uma trena de dez metros. Fiz um acordo com o Harry, pouco tempo antes de ele ir-se embora, esse meu amigo morto. Juramos que o defunto voltaria aqui, depois de conhecer o Lá, a fim de explicar os mistérios para o sobrevivente. Quem morresse antes seria o portador do Conhecimento para o outro.

Mas eu sabia que seria uma hipótese muito improvável essa de ele voltar para me contar qualquer coisa. Desculpo o Harry, de todo coração. Porque ele pode se haver perdido no Lugar onde os zeros não são suficientes para descrever a distância onde ele foi depositado.

Estando agora a um trilhão multiplicado por um trilhão de anos-luz de distância, potenciado tudo isso por um trilhão de trilhões. E se ele tiver caído do lado esquerdo do número um, digamos, menos um, menos dois, menos, menos, menos ao infinito? E se ele se tornou uma proteína, um hormônio, uma das bilhões de células que vivem dentro do meu corpo? Estaríamos agora juntos, então, ele transformado em meu anjo da guarda? Ou será que o Harry precisa da luz de uma vela acesa para navegar de volta, se fixando no apaga-acende bruxuleante daquela única queimação oferecida só para ele? No caso de minha família morta, acho certo acender uma vela para cada morto, desejando paz. Vou também acender uma para o Harry e ainda mandar rezar uma missa, com canto gregoriano para ajudar. Mas, no meu caso particular, para trazer paz a mim mesmo, eu precisaria mais do que umas velas. Precisaria é de uma fogueira espantosa de velas acesas a fim de controlar meu temor de estar morto. Me dá angústia quando penso nessas confusões inacessíveis geradas por um número um que pode estar do lado direito e do lado esquerdo do zero, ao mesmo tempo. Dá uma zonzeira quando penso em tais fenômenos, precisando aceitar a ideia de um infinito que, por lógica, só pode ser finito. Porque eu sou finito.

Os telescópios, que vasculham os céus, ficam surpreendidos com tantos espaços, os luminosos e os escuros. Mesmo sem ver tanto quanto eles, também fico chocado com tais vastidões.

Mas esses espantos também me dão forças para continuar ruminando, apesar de saber que não há o que encontrar. Acho que palavras não ajudam, nesse caso.

MI CAPITÁN

Si, mi capitán.
Si, inmediatamente
capitán.
Que cordas devo puxar
qual vela devo soltar
se o vento pacificou
o mar ficando brando
as ondas nem quebrando?
Qualquer vela
qualquer corda
mi capitán?
Mi capitán...
esta não é uma nave
este mar não é mar
eu não sou eu
parado aqui em silêncio
esperando para zarpar.

10.
VOU AO BANHEIRO

Estou bem, penso. Vou me levantar da privada. Mas antes de puxar a descarga, sempre cumpro o ritual de examinar cuidadosamente meus dejetos, buscando identificar na bacia branca pedacinhos de lembranças ruins, daqueles que ficam incrustados nos troços de bosta meio que afundados na água manchada de amarelo-urina. Às vezes até remexo com papel higiênico, aquele pântano aquoso, para ver se não ficaram restos por ali escondidos.

Esses fragmentos são átomos fugidios de tristeza física que se soltam da gente e ficam grudados na matéria fecal. Brilhantezinhos ocultos que logo se vão embora.

Aposto nessa teoria da metabolização dos desgostos, das memórias ruins que se dissolvem e se perdem, despejadas pela descarga. É essa a razão do alívio físico provocado pela defecação. Traz um sentimento de liberação não só físico – mas existencial, também, livrando-nos das cracas psíquicas que adoecem o corpo e o espírito. Outra maneira de se soltar dos demônios é falar sobre aquilo que está trazendo sofrimento, isso também ajuda a dissolver ferrugens envolucradas dentro da gente. Cada palavra que aflora da boca é sempre um peso a menos, ainda que esse alívio seja precário, se a carga for excessiva. Falar demais, recorrentemente, sobre desilusões passadas, é insatisfatório, só faz doer ainda mais o que precisava ser esquecido. Pode-se até tirar prazer dessa dor repetida, usando tal sofrimento revisitado como uma espécie de prazer proibido. Sabe-se que a fechadura da alma está trancada, impedindo a vontade de um novo amor, com medo de que ele vá levar a um novo sofrimento. Mas uma coisa puxa a outra e tudo volta outra vez, é melhor se resignar filosoficamente, é coisa cíclica, como não aceitar? Não sobra sequer o consolo de acreditar que aquilo que se aprendeu hoje vá servir perfeitamente para o enfrentamento de uma nova experiência, amanhã. Acumule um bom estoque de dores e prazeres e descubra que aquele somatório de conhecimentos não lhe ensinou nada. As engrenagens da alma funcionam assim.

A experiência não existe, existe é a lembrança das repetições que nada ensinaram. Vale a pena tentar? Será que eu reagiria daquele jeito, agora? Fiz bem tendo abandonado tudo, naquele momento? Pergunte à bosta, que precisa ser cheirada, avaliada, ela é um arquivo vivo.

Pergunte-se. Depois de ir ao banheiro, tem-se que deixar o olfato julgar a saúde dos intestinos e da alma. Assim fazem todos os animais, que rodeiam as fezes recém-defecadas, cheirando-as, num processo de autodiagnóstico.

É depois dessa cheiração que o gato vai procurar o matinho que consertará as avarias do seu corpo. Mas o homem, enojado, quer se livrar depressa daquilo que considera o lixo do seu corpo. Dessa maneira, perde a possibilidade desse conhecimento por meio do uso de desodorantes, perfumes e descargas poderosas de água. Os intestinos são o segundo cérebro do ser humano, tantas as interações necessárias para fazer fluir o bolo alimentar, por meio de processos bioquímicos ligados aos comportamentos cerebrais, sendo os movimentos peristálticos apenas a consequência mecânica dessas complexas relações interiores. De posse desses altos conhecimentos médicos, fico de pé, calças arreadas, olhando para dentro da privada ainda não descarregada. O que será que minha bosta teria a me dizer hoje? Um conselho sábio, alguma recomendação vital? Algo assim, talvez: "Sou teu Oráculo. Percorri os teus corredores internos, conheço tuas tripas mais do qualquer radiografia poderia mostrar. Dialoguei com teu cérebro, ordenei os caminhos por dentre teus interiores. Mas você não presta atenção. Me ouça, desfaça-se dos pensamentos que ricocheteiam sem parar dentro da tua cabeça, te fazendo infeliz. Deixe-se fluir. Puxe a descarga dos ressentimentos, se perdoe e perdoe os outros, também."

Justas palavras, acho. Então num impulso, ao imaginar tal diálogo, tomado por uma saudável vontade, decidi outro dia pegar um telefone imaginário, liguei para diversos números igualmente imaginários e tive solilóquios imaginários com pessoas que, no meu imaginário, ainda se encontravam grudadas nos intestinos do meu passado, e que eu, relutante, não tivera coragem de deixarem-se ir. Falei-lhes então verdades sinceras, que eu covardemente escondera por tantos anos, por medo de ficar só. E só então pude dar-lhes um adeus definitivo. Apertei o botão da descarga, me limpei e fui lavar as mãos, aliviado.

PARALELOS

*No sonho
me vejo real.
No real
não me vejo
em sonho
embora deva
estar sonhando.
Somos dois
paralelos
sem conclusão.
Um e outro
sempre a trocar
de posição.*

11.
MORTE BESTA

Devem ter atirado uma praga no Harry. Ele morreu anos atrás. Fez-se defunto, meu amigo Harry, muito antes de mim. Jovens éramos os dois, vivíamos gêmeos. Vamos aos acontecimentos que mudaram nossas vidas.

Começou com ele aparecendo, numa tarde de sábado, em minha casa. Lembro-me do sol filtrando pelos ramos de uma grande árvore de flores amarelas que tinha em frente, na calçada.

O ar quase parado, rua vazia de barulhos, só alguma distante TV narrando um jogo de futebol. Já tínhamos almoçado e não havia nada para fazer. Modorra, digestão lenta. Aparece o Harry, "Oi, o que você vai fazer, hoje?". "...Nada." "Então diz para tua mulher que nós vamos até a represa ver se meu barco ficou pronto...". E falando sussurrando: "...é que tem uma suruba na casa de um cara aí...". Falou cobrindo a boca, ar de conluio. Foi assim, nesse exato minuto e milissegundo que o Harry começou a morrer. Fomos lá e o casarão era enorme, cercado de seguranças, muros altos de tijolos aparentes, um jardim agressivo circundante. "Doutor, pode entrar, encoste ali", disse um armário 2×2 vestindo terno preto e gravata idem. Dentro, moças de *topless* e outras sem calcinha andando pelos quartos. Gente até debaixo da escadaria. Filmes de sacanagem em cada quarto, com projetores de 16 mm, ainda não existia VT. Tínhamos entrado num filme pornô, de verdade.

Uma mulher morena, peitos grandes e duros, olhos de árabe, se aproximou do Harry, encostou em suas costas e lhe ofereceu bebida. Ele, que era meio desligado, nem se tocou. Acontece que a tal mulher morena, que vamos chamar de Morena, nome inventado, tinha-se decidido pelo Harry. E ela tinha uma amiga lourinha, projeto de futura puta, bonitinha, de peitinhos pequenos, arrebitados. Eu estava me sentindo um extra sem fala, só valendo a presença.

Cobicei a lourinha. E convenci o Harry a pegar a morena e pedir que ela negociasse a outra para foder comigo, todo mundo junto.

Foi assim, sem quaisquer prefácios, que fui de carona, cruamente, para meu gozo. No quarto, cada um numa cama em cima de sua cavalgadura, ouço a seguinte conversa, uma falando com a outra enquanto nós dois resfolegávamos nosso exercício suarento: "E aí, Morena...tá bom?", "Tá... e você?", "Fuque-fuque, né?!..." Broxante a minha putinha.

Ela falava como se eu estivesse a quilômetros dali, só faltou pedir uma revista para ler atrás de minha cabeça. Naquele instante meu tesão mudou-se para a Croácia. Fuque-fuque? Vagabunda! Gozei em sete segundos e meio. Passam-se os dias, cansados. E então, numa hora de mijar, apareceu aquele pus amarelo quando apertei o meu pau. Peguei uma gonorreia, pensei, outra gono. Gono? Pior: não era gono, era sífilis.

Soube disso mesmo antes de abrir o envelope com o diagnóstico do laboratório, no hospital. As recepcionistas, que tinham sido tão amáveis comigo, quando fui colher o material, estavam sérias agora. Tensas, sem sorrisos. Tumor avermelhado, encaroçado. Sífilis.

Fui descendo os degraus do hospital, degraus imensos, tornados maiores ainda, de mármore branco, eu mal via onde pisava, enquanto chorava em soluços tão fortes que trincavam os meus dentes. Vejamos, eu peguei a sífilis e assim começou a acabar meu casamento. Muito, muito ruim. O Harry, não pegou sífilis. Mas com ele foi pior. A Morena pegou o Harry.

Os dois acabaram por se casar em minha casa, suburbanamente, meses depois daquela suruba que, como num jogo de Batalha Naval, afundara um pedaço de minha vida como se fosse um porta-aviões: 8A e 3Y... tibuuuum, naufrágio, fundo do mar. Já a Morena, ao grudar no Harry, afundou a esquadra dele inteira, coitado. Sem que eu pudesse fazer nada para salvá-lo. Se mal podia salvar a mim mesmo.

Depois do casório se mudaram para o Inferno, quadra 23, onde ele começou a preparar as malas para se suicidar da sua vida absurda. Tiveram filhos irrelevantes, lógico. A Morena engordou, vaca prenhe, e o Harry parecia que perdia 1 cm de altura, a cada semana. Ganhando a medida correspondente em sua cintura. Seus cabelos o abandonavam, aos flocos, sem qualquer consideração. O Harry bebia muito, seu gosto era rum com Coca-Cola, acho que esqueci agora de propósito o nome do drinque. Levava uma rodela de laranja dentro. Bonito. Cuba Libre. No meu aniversário de 21 anos fizemos uma aposta: quem seria capaz de beber 21 Cubas? O Harry ganhou e ainda ficou em pé.

Eu cheguei a 19. Mas vomitei tudo pelas calçadas dos bares vagabundos do centro, perto daquela praça atrás da Biblioteca Municipal. Como consequência, perdi de 21 a 0, esvaziado por ânsias que faziam meu corpo virar uma pista de calafrios, que perpassavam em agonia meus nervos esfrangalhados. Eventualmente, passados os anos, o Harry acabou por se separar da Morena. Mas logo se casou com outra infeliz, balconista, lourinha anônima. E sumiu de minhas vistas. Quando ele finalmente, depois de muitas negaças, decidiu me apresentar a dita cuja.

Depois do lero-lero do muito prazer em conhecê-la, eu chamei-o de lado e tivemos o seguinte diálogo, "Porra, Harry, ela é igualzinha à Morena. Que ruim, ela é um *replay*!". Pausa. "Ahhh, mas eu gosto dela." Eu, sem dar trégua, "Que ela tem de interessante, sô? É burrinha, ignorante e leva jeitinho de puta, igual à Morena. Você já viu essa história, camarada. O que sobra nessa porcaria de mulher, Harry?". Ele, cínico, "É que eu gosto quando ela fica de quatro, na banheira bem quente e fico metendo no cu dela." Ele falou isso, desafiador, deliberado, tentando se fazer de chocante. Não era seu estilo, absolutamente. Estava só me imitando, o bastardo.

Respondi judiciosamente, "Harry, a gente pode comer um cu... mas não casa com um cu, meu nego." Pensei na hora, péssimo, tem uma rachadura progredindo na parede de nossa amizade, péssimo, péssimo. Daquele dia em diante, a nova consorte dele foi batizada, na minha cabeça, como a Dona Cu nº2, considerando que o título de Dona Cu nº1 pertencia à Morena, que também era viciada em coito anal. O Harry acabou, eventualmente, o seu casamento com a Dona Cu nº2, depois de alguns tristes anos e muitas banheiras de água quente. E ele voltou a visitar de novo, tremenda recidiva, a Dona Cu Number One, tudo outra vez. Patológico. Em tardes quentes, os dois costumavam encher a cara, coisas psicóticas. Nos intervalos da fodança, TV aberta com programa de calouros, bem alto. E dá-lhe Cuba Libre. Uma tarde, o Harry foi visitar a Morena no sítio que ele havia deixado para ela, restos do divórcio. Comeram churrasco, chuparam a gordura gotejante da carne, se lotaram de queijo frito, quilômetros de pão branco de padaria e – claro – mais Cuba Libre. Tudo debaixo de uma quentura medonha, os amigos deles imersos na fumaça dos bois assassinados e na gritaria de outros bêbados felizes. O Harry, sem saber que aquele seria o dia de sua despedida do planeta, já torto, decidiu voltar para a sua casa, depois desse feliz reencontro. Beijos babados, "Tchauuuuu, bem! Te amo, benhê, te amooooo! Me ligaaaaa!".

E depois dessa Festa de Babette interiorana, ele pegou seu carro conversível. Que era um carrinho brasileiro conversível, fajuto, que imitava o importado inglês MG. Era uma máquina de costura com pneus. Acenos, uma só mão no volante. Vrruuuum, primeira, segunda, terceira... Instantes depois, perdeu a direção e foi abalroado por um caminhão de dezesseis rodas que vinha zoando estrada abaixo, na banguela. Ele ficou debaixo daquela massa de ferros. Inacreditável, a cabeça dele não explodiu ao bater e rebater debaixo da comprida carroçaria. Ficou repicando nos eixos sujos de graxa, que esperavam aquele acidente mortal desde o dia em que saíram da fábrica. A cabeça do Harry amassou só de um lado, ficando oblonga. E o miserável não morreu na hora. Foi jogado agonizante no banco de madeira de um hospitalzinho vagabundo de uma cidade vizinha. E permaneceu lá na recepção, largado sem identidade, se esvaziando de vida, em coma. Alguém o reconheceu, por acaso, o pai mandou buscá-lo de helicóptero. Mas era só questão de tempo e ele morreu. Falecido, sem remissão dos pecados, amém. Quando fui ao hospital, ele ainda moribundo, não tive coragem de vê-lo com a cabeça enfaixada, que disfarçava o formato obtuso de sua cabeça, como me contaram.

Chutei a porta do quarto do hospital, ele morrendo, não consegui entrar lá. E chorei com ódio, sem lágrimas. Xinguei muito o filho da puta, berrando encostado na parede. Minha cabeça também se encontrava oblonga. Bom, tem umas outras figuras nesta história de vida e morte do Harry, gente essa que jamais consegui engolir. O pai, predador impenitente.

Me contou o Harry que, uma vez, durante um jantar em casa, os filhos e a mulher silenciosos, para não perturbar as ponderações de Sua Excelência, ele se levantou num repente e, numa tragicomédia patética, botou as mãos na garganta, desmaiando. Mergulhou, duro, com a cara na sopa. Tinha sido um ataque, causada por sífilis até então ignorada. O Fulano ficou com um lado do rosto paralisado, sem expressão, para o resto da vida. Então, quando ele conversava, só metade da movimentação facial é que funcionava. Isso parecia fazê-lo um eterno gozador, quando falava, só um lado do bigodinho ia para baixo e o outro lado do bigodinho ia para cima. Meio Adolphe Menjou. Suas frases saíam cuspidas. A mãe do Harry, me dá pena lembrar, um pardal pequenininho depenado, dentro de uma gaiolinha caipira. O irmão mais velho, alcoólatra, praticava um sorriso permanentemente servil, impossível lembrar uma frase dele. E, finalmente, abro o palco e acendo as luzes para o astro mefistofélico, o sujeito que se casou com a irmã gorda do Harry, de olho na fortuna da família. Foi quem mais ganhou com a enorme herança, depois do velho sifilítico empacotar.

Cunhado mofino. Os outros disputaram os restos. Mas, além dele, teve um vencedor inesperado nessa refrega pelas contas secretas na Suíça. Foi um ex-balconista de loja, que se havia casado, numa igreja evangélica, com a Dona Cu n°2, também balconista, que o Harry gostava de comer na banheira quente, a herdeira com direitos. Ela, religiosamente, passou a reservar sua paixão anal a Deus. Acho. E ganharam também os advogados, essas inefáveis criaturas de rapina, com as suas intermináveis manobras em torno do Espólio. Custas, anos, anos e anos. Dizem que o velho guardara cinquenta quilos de ouro num cofre, escondido.

Desmancharam a casa, buscando a caixa fortificada. Depois descobriram que o ouro estava no estrangeiro.

E o Harry, o meu irmão? Herdou um banal túmulo branco, com uma lápide sinalizando seu nascimento e morte. Mas, mesmo morto, o Harry ainda conseguiu *epatê le burjoá*. Foi assim. No velório, o caixão dele ficou exposto em cima de dois cavaletes, desses de apoiar tampo para pingue-pongue, no salão apropriado para essas cerimônias, num cemitério do interior, as portas do velório abertas para fora. Fazia um calor de tirar o paletó, a gravata, a camisa, as calças e as meias. O Harry, convenientemente coberto de flores cheirando a dama-da-noite, estava só com o rosto para fora do caixão aberto, devidamente deitado e maquiado para esconder profundas olheiras. Com um pedaço de turbante de pano branco. Parecia fantasiado de hindu. Nós, os amigos antigos dele, ficamos lá fora, na penumbra, com a visão iluminada do caixão, ornado (ele gostava dessa palavra) com *corbeilles*, o pai e a mãe ao lado, sentados ao lado, hirtos. Não davam sinal de estar presenciando uma tragédia. Zumbis.

Atmosfera impressionista, surrealista, dadaísta, maluquista. Se não fosse um velório, aquilo poderia ser um coquetel para corretores de imóveis comemorando altos índices de produtividade da firma. Houve um momento em que considerei chegar perto do caixão e virá-lo de borco em cima daqueles pais sentados e contritos. Eu detestava aquela gente opaca e que tinha feito meu amigo sofrer pela vida toda. Quase cedi ao impulso e fui andando na direção deles, sob o olhar alarmado das pessoas, que, como sempre, desconfiavam da minha sanidade mental. Me seguraram com abraços apertados e argumentos sentimentais. "Deixa disso, respeita que eles são os pais do Harry, respeita." Eu, furioso e resumindo, "Fodam-se."

Os pais, reconhecendo o perigo, se remexeram nas cadeiras, desconfiados. Naquela vigília noturna, nós, os amigos do velho bloco da faculdade de direito, havíamos aristocraticamente evitado nos misturar com os novos amigos dele, gente de segunda, com quem ele preferiu passar os últimos anos. Bebíamos, lá fora, cerveja de lata, gelada. Ríamos, contávamos histórias antigas e piadas, o sujeito morto não era o Harry, absolutamente. Um boneco de cera imitando o Harry, talvez. Notamos então um vira-lata, cachorro sarnento, que deitou debaixo do caixão, no vão livre entre os cavaletes. Alguém tentou dar-lhe um pontapé sorrateiro, na esperança de espantá-lo. Isso chamou mais nossa atenção. Ficamos olhando as manobras.

O vira-lata levantou-se molemente, deu uma volta em torno de si mesmo, se chacoalhou inteiro e deitou-se de novo no mesmo lugar de honra da cerimônia velória. Pegaram então uma vassoura, tentando empurrar o animal dali. Nada.

Como a situação estava ficando demais pastelão, deixaram o bicho dormir ali mesmo. Acho que sou o único que teve uma iluminação especiosa, um *insight*, naquela noite. Aquele vira-lata tinha incorporado o espírito do Harry, ele é que tinha passado a vida assim, que nem um cachorro escroto. Esse pensamento me tomou de ternura. Fui até o pulguento, fiz cafuné na cabeça dele, que se acertou querendo ganhar mais. Agradecido, deitou-se de costas oferecendo a barriga para mais coceirinha. Todos me olhavam, fulminados de horror.

Lá pelas quatro da madrugada, resolvi ir embora. Passando de carro pelas ruas quietas da cidadezinha onde ele ia ser enterrado, as casas apagadas, vi um boteco aberto, numa esquina. Desci e direto pedi uma cerveja e um sanduíche de pernil.

A carne, alguns pedaços ainda grudados no osso do porco, estava mergulhada em gordura amarronzada, dentro de uma bacia rasa de vidro embaçado.

Minha mulher se escandalizou, "Você tá louco? Cerveja, esta hora? É nojento, você vai comer essa porcaria? E a tua gastrite? Depois você não vai dormir e eu vou ter que ficar acordada com você...". Nem olhei para o lado dela.

Mandei três sanduíches, raspando os restos daquela carne que se soltava dos ossos. Eu estava em estado sublime, no IML dos porcos.

Tomei uma, duas, três cervejas, que engoli ali em pé. Voltei para o carro, satisfeito e nem arrotei. Eu estava certo: o cachorro vagal era mesmo o Harry, que estava comigo em espírito, naquela noite. Tínhamos vinte e poucos anos, de novo.

E a vida pela frente, com muito pernil, muita cerveja, muita mulher. Não vou parar de tagarelar a respeito do Harry, agora. Sinto muito.

Portanto, mais *recuerdos*. Uma noite fomos a um baile de carnaval, no Odeon, que tinha sido um cinema, nos meus tempos de criança. Todo mundo pulando, cheirando lança, as meninas com os peitos dançando, também. O cordão carnavalesco rolava pelo salão e nós de fora, sem energia para mergulhar naquela constelação girante. Faltava força de gravidade que nos atraísse para dentro daquele buraco negro. Desistimos e saímos andando.

Fomos ao acaso até passar por um prédio enorme, só o esqueleto do prédio que ali seria construído, no futuro. Acho que eram as obras frequentemente paralisadas do Instituto do Coração. Esperando novas verbas para serem saqueadas por políticos delinquentes. Naquela noite era só um vulto escuro, cheio de andaimes. Quebrei o cadeado do portão aos pontapés e fomos tateando, subindo as escadas de cimento velho. "Cuidado, cuidado, tem um prego aqui! Vai cair, hein?"

Lá em cima, no último andar, ainda sem parapeito, a noite se mostrava por cima das nossas cabeças, mil luzinhas piscando, pregadas no espaço de um azul fundo, a cidade agora distante. Se uma ventania astral passando por ali decidisse me levar para aquela peneira de astros e estrelas, eu não teria estranhado. Puxei um lança-perfume.

Meu lenço ficou molhado de éter quando apertei o gatilho do Rodo Metálico. Estávamos levitando naquela platibanda avariada de destroços da construção, um abismo de andaimes pontudos debaixo de nós. Na beirada do precipício, puxei uma grande cheirada. Meus ouvidos sibilaram e me percebi apagar. Vuuuuuuuummmm! Meu corpo caía para a frente, para baixo.

Mandei uma última ordem do centro de comando do meu cérebro, para não despencar naquela escuridão cheia de pontas de madeira invisíveis. Quando acordei do desmaio, desvalido, minhas pernas se encontravam balançando no espaço. Me apoiei devagar nos cotovelos, minhas mãos crispadas no cimento grosso de obra e puxei o corpo.

Olhei para o lado, horrorizado por medo de não ver o Harry. Ele também tinha desmaiado, mas dois metros atrás de mim. Covarde, sacana. Eu é que teria morrido, o Harry não, ele havia optado cheirar bem longe do abismo.

Na Faculdade de Direito, lá no Largo de São Francisco, numa colunata escura do pátio interno, tem uma trovinha esculpida em mármore preto que canta:

Quando se sente bateeer...
no peito a heroica pancaaada...
deixa-se a folha dobraada...
enquanto se vai morreeeer!"

Eu não vou voltar às Arcadas só para conferir se lembrei direito dessa poesia de rima pobre. Acho que aquilo comemorava a glória de morrer por um ideal. Talvez a revolução constitucionalista de 1932, sei lá eu. Deixar a folha dobrada, quer dizer o quê, fechar os livros e se alistar?

Sabendo que se podia tomar tiro de meganha *anarfabeto*? Para quê? Para quem? O Harry, meu coleguinha da Faculdade, deixou o que dobrado?

Deixou foi uns dez, cem engradados de Rum Montilla e duas toneladas de Coca-Cola, tudo devidamente tomado. E mais aquela prole dele, gatos cinza-rajados, olhos ramelentos, dentro de uma caixa de sapatos. E a Dona Cu nº 1 e a Dona Cu nº 2, que logo se acochambraram com outras gentinhas, novela das oito, os bacurizinhos gritando enlouquecidos, pulando em cima dos sofás. Houve tempos heroicos em que nem eu nem o Harry sequer vislumbrávamos tempestades escondidas, que ribombavam soturnamente seus relâmpagos, nuvens pretejadas, longe de nossas proas. Mas o som distante dos trovões ainda não acabou, vem um vento e ondas fortes começam a bater no casco de minha vida.

9,999999999

Uma pergunta
sempre tem mil respostas
nenhuma respondendo
o que se quer perguntar.
Pois cada resposta
segue sempre para um lugar
de onde a verdade definitiva
amanhã se pode mudar.
Sobra perguntar e perguntar
sabendo que as respostas
só servem para pensar
as próximas perguntas
que novas respostas vão gerar.

12.
CASA DO ESTUDANTE

Resolvi me candidatar a uma vaga de pensionista na Casa do Estudante, num velho prédio da avenida São João. Consegui isso com a ajuda de um colega do Centro Acadêmico das Arcadas, que já treinava política universitária para se candidatar a um cargo na UNE. Me exigiu reciprocidade, pela influência. Acabou virando senador, anos depois, com sua fala minúscula e interesseira.

Eu, humildemente, peguei meu voto acabrestado e fui parar num quarto pequeno, 6º andar, minha cama ao lado de um colega peidorreiro, o armário não tinha cadeado e a fechadura da porta sempre quebrada. Fui dar uma mijada comemorativa pela conquista de meu novo lar, no banheiro coletivo do corredor. Privadas sujas, cheiro podre-azedo. Folhas de jornal rasgadas faziam de papel higiênico jogadas no chão. O chuveiro, dava para contar de quantos furinhos espirravam água fria. No Vietnã, soldados negros odientos de seus cabos, sargentos e tenentes brancos, preparavam armadilhas nas sentinas do *front*. Armavam granadas na porta das privadas, preparadas para explodir ao serem abertas distraidamente pelo inimigo branco. Quando detonavam, os corpos dos oficiais ficavam esburacados, estripados.

Seus corpos, mortos em combate, voltavam então aos EUA, os caixões envelopados em bandeiras americanas, medalhas e condecorações por heroísmo.

Nos banheiros da Casa não tinha nenhuma granada nas portas. Mas era um Vietnã. Na Faculdade de Direito, na São Francisco, eu não entendia o que os professores falavam. Os catedráticos – um bando de velhos professores, desistentes – baixavam seu taxímetro no começo das aulas, só esperando o tempo passar. Taxistas jurídicos. Eles sentavam-se lá longe, no vórtice do anfiteatro, em suas mesas distantes. E liam livros didáticos, discorrendo sobre códigos surreais em voz monocórdica, modorrentos, levantando às vezes os óculos que escorregavam pelo nariz, único sinal de vida daquelas múmias falantes. Salvava-se algum catedrático, quando conseguia ser ouvido.

O sistema de som vivia falhando e ia subindo uma maré de barulheira, um sacaneando o outro, o presídio em pleno funcionamento.

Teve aula em que um imbecil despejou um saco de pó de mico no meio da classe.

Gargalhadas histéricas, coceiras infernais, corrida para as torneiras do banheiro para jogar água no ardor do corpo, dos olhos. Esse degenerado, mais tarde, virou delegado do DOPS, nos tempos da repressão. Gostava de arrancar dentes das pessoas e perguntava carrascamente, mostrando o alicate sangrando: "Quer de volta? Quer teu dente de volta, seu merda? Ou quer que eu arranque tua língua junto? Confessa o que eu quero ouvir, seu puto." Alguns professores que conheço, hoje vivendo digna e heroicamente, inclusive indenizados pelo novo governo, tiveram seus dentes de volta, para serem reimplantados. Dentista é caro.

Considerados os fatos, eu e meu amigo Harry nos decidimos por uma alternativa mais interessante para quebrar a rotina de nossa existência: assaltar o banco do pai dele. Assim, fomos lá para fazer uma inspeção.

Tomamos algumas notas de horários das entregas de dinheiro. Para não pagar os caminhões de transporte, blindados, o banqueiro pão-duro confiava mais nuns sujeitos suspeitos que iam e voltavam com enormes quantias, de táxi. Como nos filmes de detetive, checamos o movimento dos seguranças, transporte de valores e outras informações. Eu tinha minha pistola, que trocara por três camisas novinhas que minha mãe me havia presenteado. Podia ser útil aquela '22.

Mas, como em tantas outras desistências, projetos falidos e esquecidos, transferimos a ideia do assalto para mais tarde, outro dia, talvez.

Resolvemos, em vez disso, fazer outra experiência, que também envolvia caráter, coragem e competência. Decidimos matar o gato da mãe do Harry, quando ela estava viajando. E comê-lo. Fomos atrás do bicho, tsc, tsc, tsc, onde está você gatinho?, vem, tsc, tsc, vem. O gato estava escondido numa sala fechada, toda acarpetada, cortinas pesadas e fez fuuuuu. Ele havia se apercebido de nossas intenções. Estava totalmente arrepiado, furioso. O Harry, com medo, saiu da sala onde o gato tinha agora assumido proporções de tigre, arreganhando os dentes e esticando as unhas curvas. Eu também saí, meio envergonhado pela minha falta de brio. Quando voltei, não deu para acreditar. O gato estava trepando em cima de uma gata (de onde ela tinha saído?) e nos olhou como que pedindo um tempo para dar a última, antes do enfrentamento conosco. Tocados com a cena e solidários com o macho, nos retiramos discretamente. Mas voltamos para dar fim naquilo, tínhamos que acabar o que havíamos começado. Consegui pegar o gato pela nuca quando ele subia desesperado pelas cortinas. Tentei estrangulá-lo, mas o bicho se retorcia em minhas mãos, enfiando as unhas no meu pulso, antebraço, que já sangravam com os rasgos. Quando eu consegui torcer o pescoço do bichano duas, três vezes, ele amoleceu. Pronto. Entreguei aquela carne desengonçada ao Harry, que ficara de lado, apavorado. Fui para o jardim da casa e vomitei. Chorei, nervoso. Quando voltei, depois de passar água no rosto, vi o Harry assobiando na cozinha. O ex-gato estava esticado em cima da mesa de mármore branco e ele, com uma gilete, abria as vísceras do bicho. Peles grossas, intestinos cheios, tendões esticados e duros. Saí e vomitei de novo, um líquido azedo e amargo escorria por entre meus dentes. Naquele momento reparei como éramos diferentes. Como podíamos ser tão amigos?

O bicho já estava despido do seu casaco de peles. Pusemos sua carcaça na geladeira da casa, os olhos do defunto arregalados dentro da cabeça sem pelos e sem orelhas. Havíamos combinado de levá-lo para minha avó fazer um assado com ele. Diríamos que se tratava de um coelho. Como se precisasse. Mas, azar, a mãe do Harry chegou, tinha voltado antes do Guarujá, passou pela cozinha, abriu a porta da geladeira para pegar não sei o quê.

Deu de cara com o gato que a olhava, iluminado pelo néon da morgue em que o congelador da geladeira se havia transformado.

A senhora, horrorizada e nos maldizendo, mandou a empregada jogar aquela porcaria no lixo. Depois, voltada para o outro lado, a fim de não olhar, ordenou que a geladeira fosse lavada com água quente – e em seguida, que passasse álcool em tudo.

Soube, mais tarde, que ela acabou presenteando a empregada com a geladeira.

Agora, em quadro de histeria, jurava aos gritos que eu jamais voltaria a botar os pés naquela casa outra vez.

O Moedor

Esperamos um pouco, fumando um fuminho no porão da casa, e depois fomos esgueiradamente buscar o gato no lixo. Demos uma limpadinha no bicho e levamos o cadáver embrulhado num jornal para minha avó. Ela prazerosamente cozinhou-o numa panela de pressão e serviu pedaços dele, aceitando nossa alegação de que se tratava de um coelho.

Eu não consegui nem mastigar um naco daquela carne, nauseado.

Já o Harry chupava cada ossinho, em volúpia. Hummm, carne branca.

Éramos diferentes, meu amigo não era eu. Meu *curriculum* estava assim, naquele momento: quase assaltante de banco. Assassino declarado de gato. Maluco confirmado pelos colegas das Arcadas. Inútil. Morando naquela cabeça de porco que era a Casa dos Estudantes, que me obrigava a cagar quase em pé, para não encostar na privada – e, ainda por cima, devendo uma mixaria de aluguel para o Centro Acadêmico. Minha barra estava pesando.

Era outra vez época de carnaval e os carros passavam pela frente da Casa, na avenida São João, buzinando e cheios de menininhas lindas dando tchau.

Sentei na janela do meu quarto, lá em cima, as pernas para fora. De vez em quando, alguém esvaziava um cinzeiro em cima da cabeça dos foliões lá embaixo. Ou de um andar mais alto, espirrava um jorro líquido amarelo, circular, descendente. Mijo, reconheci, vinha do andar dos veteranos. Os caras lá embaixo vociferavam e faziam gestos ofensivos. Nós ríamos. Mas sei lá que diabo de discussão armei com um colega filho de uma puta, um turco.

E ele disparou seu revólver seis vezes contra mim, era um '38. Vi o tamanhão do buraco saindo da boca do cano e fugi correndo. Os estampidos ecoavam pela casa, portas se fechavam, estrepitando. E o cara, atrás de mim, corria e corria esbravejando pelos corredores, indo sem fôlego, até acabar a munição.

Ainda bem que faltavam lâmpadas nos soquetes daqueles corredores escuros cheios de esquinas.

Peguei minha roupa, embrulhando tudo numa trouxa e me mandei, evitando descer pelo elevador. Podia pintar uma vingança. Problema: tinha agora que arranjar outro lugar para dormir.

De qualquer forma, o cheiro das privadas incomodava muito, invadindo o meu quarto. Vamos embora. Tanto faz.

EM TEORIA

A vontade que move tudo
é não querer morrer.
Já viu a matança
dos bois, dos porcos,
das ovelhas, dos cavalos
como eles berram
como se assustam?
As galinhas alucinadas
retalhadas?
Já viu o silêncio
nos pulos desesperados
dos peixes pescados?
Os ondulares exasperados
do trigal esmigalhado
por colhedeiras mecânicas?
Já viu a água assassinada
como fica aquietada?
Os pinheiros vergados
na espera da serra elétrica?
Já ouviu o marulho silenciado
nas ostras sendo abertas?
Talvez todas as doenças
que o homem sofre
os bacilos, os vírus, a peste
sejam o que a natureza
ao homem devolve.
Talvez todas as vidas
que o homem mata
matem o homem de volta
em vingança.

13.
O TIO TORTO

Só vi este tal algumas vezes, ainda adolescente. Não era parente, tudo considerado. Tio de uma prima que era irmã de um tio torto, que tinha... etc. De vez em quando vinham dele alguns ecos. Comentários sobre sua vida escusa, sem-vergonhices que não podem ser ditas na frente da família. Sua figura contradizia esse lado aventureiro. Meio gorducho, bigodinho, roupas também gordas, camisa para fora da barriga. Irrelevante, acho. Chamava-se Ermenegildo.

Para vê-lo, carecia chegar nele e apalpá-lo com as mãos, braile. Um amanuense do século passado numa saleta cheia de inutilidades. Seu anacronismo não se ajustava ao que dele se dizia. Putas, ele saía com putas. Pobre tia. Lembro do olhar dela, olhar virtual, de quem não estava ali. Cada vez que a família tinha um almoço obrigatório, o tio torto aparecia para sentar à cabeceira. Eu ficava imaginando como podiam ser as putas dele. Que nem a empregada mulatinha que estava servindo um macarrão no meu prato? Ou uma que nem a Doris Day?

Não, a Doris era mulher séria, não ia ficar beijando qualquer um. Este indivíduo, não me recordo de tê-lo ouvido falar nada, importante ou não. Nem "me passa a sobremesa". Essa coisa de putas não podia dar certo. Uma prima, também torta, um dia me contou entre risinhos escandalizados: "Sabe o tio Ermenegildo? Ele ficou paralítico, teve uma congestão." Eu: "Como assim, paralítico? Comeu alguma coisa errada, o que foi?". E a outra, gargalhando: "Comeu foi uma puta depois do almoço. Comeu de sobremesa! Há! Se deu mal, foi foder de estômago cheio....Con-ges-tão." Prima safada, desbocada. Na próxima vez que o encontrei, estava numa cadeira de rodas.

Sua boca tinha pendido para o lado, mantinha na mão um lenço encardido com que limpava um pouco de baba ocasional. Seu olhar era o de um desgraçado saído de Dickens. Mas notei que os braços tinham ficado mais fortinhos, de tanto empurrar as rodas da cadeira. Pelo menos isso. Desprezei imediatamente esse pensamento. Notei que ele comeu pouquinha coisa, sempre olhando as pessoas de baixo para cima, quase sem levantar a cabeça, o que lhe dava um ar vagamente beligerante. Coitado, coitado. Puta azar. Ou puta azarenta. Também desprezei essa observação, jogando o pensamento no lixo. Por que eu não conseguia levar aquela história como tragédia? Por que continuava fazendo graça daquele trapo? É a circunstância. Não é digno um cara ficar entravado desse jeito só por causa de uma trepada na hora errada. Comprasse um relógio! De novo me odiei pela impiedade. Depois desse dia, nunca mais encontrei o Ermenegildo. Mas sei o que lhe aconteceu a partir daí, essa é outra história. Ele havia perdido o emprego. Dinheiro pouco, aposentadoria por invalidez, mudou-se para um arrabalde de São Paulo, onde moram os das classes C, D e Y. Os pobres, para falar sem cuidados politicamente corretos. Alugou uma casa parede-e-meia. São duas casinhas grudadas uma na outra, com um só telhado dividido, metade para cada um. Se cai uma xícara e quebra com estardalhaço, o vizinho pula de susto. Para cagar em paz tinha-se que abrir a torneira e deixar o chuá ficar bem forte, para disfarçar. A patroa do Ermenegildo era agora uma senhora devastada. Ficar pobre ainda dava para encarar. Mas por causa de uma puta, era demais. O velho, pois que ele tinha agora se precipitado na velhice, costumava ficar nos seis metros quadrados de jardim, na frente daquela casinha de cachorro. Nem jornal lia, só bestando pelo caderno de esportes. Nos dias de futebol, botava um radinho de pilha na orelha, esperando um gooool que não lhe traria nem satisfação, nem o resgataria do mundo paralítico em que vivia. A patroa continuava sem perdoá-lo. Ela comentou com a irmã que agora tinha até antipatia pelo nome dele, Ermenegildo. E a situação era grave, ainda mais porque o aparelho de TV deles tinha quebrado. "Nem a novela das oito, nem a novela", choramingava, no cúmulo do desgosto. Os parentes se juntaram numa vaquinha para o conserto. Mais choros, agora de agradecimento. Nem nessa hora ela conseguia sorrir. Foi esse amargor que acabou criando uma rixa com a vizinha da casa gêmea. As duas mulheres faziam despeito, uma contra a outra.

Qualquer coisinha era motivo para rixas, recriminações mútuas. Se uma cueca pendurada no varal fosse levada pela ventania e caísse na casa da outra, já era motivo para que elas maldissessem duramente o destino, reclamando com os seus maridos. E daí, o que era ódio entre elas contagiou os dois vizinhos homens.

O do outro lado era um sargento aposentado da PM. Não sei nada sobre ele. Eu só o vejo abrindo o portão gradeado do jardinzinho do meu tio torto para tirar satisfações. Avança, descomposto, gritando palavrões.

Vem puto, acho que só queria gritar com o aleijado. Bater, certamente não iria, espero. Meu tio então tira um revólver 38, prateado, de debaixo da almofada da cadeira de rodas. Aponta e dá um tiro trôpego. O sargento cai, morto. O agora assassino roda célere a sua cadeira até encostar no homem caído. Para, bufando, e lhe dá mais cinco tiros, esvazia o tambor. Tenta chutar a cabeça do morto com seus pés inúteis. Gritos, mataram meu marido, socorro, chama a polícia. Foi preso, não sei o que lhe fizeram na cadeia. O Ermenegildo tinha matado um sargento, "por motivo fútil", como o crime foi depois descrito na delegacia. Nem chegou a julgamento. Ele morreu ainda preso, pouco tempo depois. Pensei, alguma vez, em lhe levar maçãs enquanto cumpria pena. Mas esse acesso meritório nunca durava muito. Talvez neste fim de semana, coitado, no próximo então. E depois eu esquecia de novo. Hoje, quando deito com uma mulher, à tarde, depois do almoço e começa o jogo do amor, ele aparece ao lado de minha cama, senta-se desajeitadamente nela, me olha zombeteiro com um meio sorriso de dentes pretos e balança o dedo hesitante em minha direção, significando nã! nã! nã! Obrigado, tio Ermenegildo, tua vida e tua morte foram um exemplo para mim.

KARMA

Uma coisa
vem de outra
e essa
vem de uma.
Mas nosso juízo
só vê uma coisa
ou só outra.
Sem saber, perdidos
ficamos repetidos
os amores
e os ódios atados
e desatados
uns aos outros
eternamente destinados.

14.
ÓDIOS ANCESTRAIS

"Você tem carniça no meio das pernas e teu cérebro é podre." Eu a xinguei, aquela frase imunda saiu da minha boca sem querer. Mentira: eu não disse nada. Gostaria de ter dito, mas não tive coragem. Então fiquei quieto e meio envergonhado pelo horror de quase ter dito.

Como sempre, sentindo culpa pelo que disse e pelo que não ousei dizer, pelo que só pensei, sempre culpado. Minha raiva impotente contra aquela mulher era ilógica. Ela não tinha feito nenhum mal pra mim. Por ora, só me havia desgostado por uma frase de efeito que tentou formular, uma graça burra qualquer, que ofendeu o meu bom gosto.

Aliás, talvez eu seja a última pessoa no mundo que poderia atacar alguém em nome do bom gosto. Logo eu, tão acusado por ter praticado tantas ofensas e que na França das espadas, cem anos antes, me teriam feito enfrentar mais duelos que Cyrano de Bergerac. Olhei de novo a mulher como que querendo identificar um criminoso na sala de reconhecimentos de uma delegacia de polícia de filme americano. Nada, nada de mais. Então por que essa minha compulsão de ódio? Quando eu tinha sete anos, costumava empunhar uma lente de aumento, na tarefa de torrar formiguinhas com um foco concentrado de fogo, sob o sol.

Naquela idade, sempre se poderia dizer em minha defesa que não se tratava de maldade – só falta de juízo de uma criança com talento para *serial killer*. Mas, no caso daquela mulher, se ela fosse uma formiga hoje e ela aparecesse sob minha lente de aumento andando pelo chão formiguinhamente com aquele vestido, aquele sapato e aquele tom de voz, eu primeiro focaria o sol em cima dela com um halo bem largo, abrangente, para ela sentir bastante calor, se abanar, tirar o sutiã, os sapatos de salto alto. Depois aproximaria gradativamente a lente, afunilando o círculo do sol até deixá-lo aprisionado num redondinho ígneo, e aí deslocaria aquele ponto queimante para cima da cabeça dela, botando fogo nos seus cabelos. Ela ficaria torrada como se tivesse estado a dez metros do lugar onde caiu a bomba atômica, em Hiroshima.

Mas me envergonho. Que pensamentos horríveis, ela não me fez nada. Fez, respondo à minha consciência. Deve ter feito. Ou vai fazer, racionalizo. Afastei esses pensamentos me concentrando num monumento de que estávamos nos aproximando enquanto caminhávamos. Noite bonita, Roma. Era uma estátua erguida em mármore branco sujo, uma figura imensamente musculosa, cabelos revoluteados, com um cajado na mão e uns panos a lhe cobrir as vergonhas. Abraçada em seus joelhos, jazia uma mulher sujeitada, que se arrastava a seus pés, a cabeça voltada para o alto, suplicante. Ele, com seus olhos vazios de estátua estava a vasculhar o horizonte, sem se aperceber dela, mantendo-se olimpicamente imponente. Holofotes acrescentavam drama àquela visão grandiosa. Decidi falar uma besteira, no impulso, já que só estávamos buscando um restaurante aberto, eu pensando em como torrar aquela formiga falante ao meu lado. Íamos num grupo, rindo meio de tudo, o vinho ajudando a ver agradavelmente todas as coisas.

Eu: "Que será que esse homem de mármore pediu para ela, hein? Será que ela negou uma *felatio*?" Não foi uma grande tirada, mas todos riram, achando engraçado. E ela, aproveitando a deixa: "Essa mulher primeiro deve ter beijado o peito dele, baixou então pela barriga, continuou descendo, se esfregando, e aí veio aquele cheirinho de pau... e ela resolveu passar direto, se jogando no chão!". Bem, eu havia usado a palavra *felatio*, latim, falando delicadamente.

Mas a mulher tinha dito "cheirinho". Horror. Cheirinho de pau mal lavado, que vem daquele sebo que se esconde atrás da rodela da cabeça do pau, como pude me esquecer de lavar, meu Deus! Pensei, que merda, isso já me aconteceu. A lembrança me desgostou tanto que encolhi o corpo, instintivamente. Desta vez ninguém riu. Cada um talvez se lembrando das próprias humilhações, sujeições sexuais, arrependimentos de cama, coisas que são jogadas no arquivo morto, numa pasta sem identificação, para nunca mais se falar delas. E vem essa troia, abre uma pasta escrito "confidencial" e põe-se a fazer graça dos traumas de cada um. Alguém teria que mandá-la calar a boca. Mas repensei, suspiroso, definitivo: chega de ódio gratuito. O que leva a gente a tais indisposições em relação a certas pessoas? Elucubrei tentativamente uma teoria científica, enquanto prestava atenção em não tropeçar nas pedras soltas daquelas estreitas ruas italianas. Li uma vez, numa revista americana, que uns cientistas da Pensilvânia, em mil novecentos e tanto, haviam ressuscitado uma bactéria de 250 milhões de anos. Ela havia hibernado todo esse tempo, aprisionada num depósito de sal, no Novo México, a 600 metros de profundidade. Fiquei embasbacado com as possibilidades. Uma bactéria dos inícios do mundo, com um DNA, viva.

E quem diz que o DNA só transmite características físicas? Por que também não a memória, os registros culturais? Quantas especulações, talvez venha daí o espiritismo, sonhei. A Ciência evolui. O que hoje é teoria desprezada amanhã vira Prêmio Nobel. Minha tese: suponha, por hipótese, que uma bactéria dessas fez parte do corpo de um inimigo que me matou com uma pedrada na cabeça, por exemplo, em épocas escondidas nas dobras do tempo.

E que, por coincidência ou destino, essa molécula ancestral tenha sobrevivido pelo tempo afora. Isso pode ter acontecido há um milhão de anos, tanto faz. E agora essa bactéria revivida tenha se reincorporado, por coincidência ou destino, a um novo ser, perto de mim. E eu, eu, tendo reconhecido intuitivamente os vestígios genéticos do meu antigo assassino, reinseridos num novo corpo, próximo a mim, senti uma antipatia insuportável por essa criatura. Será que isso podia acontecer? Imagino se a inimiga Dona Formiga, andando ao meu lado, conservava em sua nova forma humana uns pedaços de DNA desse inimigo mortal de outras eras. Boto muita fé no meu olfato, portanto decido buscar uma prova. Disfarcei e fui chegando à fêmea para lhe sentir o cheiro. Nada, ela talvez sabendo por instinto que iria se defrontar com uma antiquíssima vítima, havia disfarçado os seus olores denunciadores debaixo de um balde de perfume adocicado.

Ciente de eu não tê-la reconhecido, a Inimiga aproveitou que eu me havia aproximado, me enlaçou pela cintura, e exclamou para todos ouvirem: "Você está meio gordinho, hein? Precisa fazer um regime." E apertou uns dois centímetros de gordura da minha barriga recém-inchada por motivo de raviólis, *rigatoni* e espaguetes misturados com tantos molhos daquela Itália onde se come por obrigação existencial.

Estávamos nós dois em luta, outra vez. Se fosse no tempo das Feiticeiras de Salém e eu fosse juiz, teria encontrado sinais de bruxaria naquela criatura e mandaria imediatamente queimá-la na fogueira, o fogo pegando devagar porque eu teria ordenado que usassem madeira verde. De outro lado, talvez minha prova não fosse tão científica. Afinal, cada pessoa é uma pessoa nova. Além disso, as pessoas mudam.

Mas imagine se a Formiga aparecesse hoje na frente do meu carro, eu indo em grande velocidade e ela atravessando a rua, enquanto ela tropeçava nos macadames da rua, com o mesmo cabelo pintado errado, os mesmos saltos altíssimos, o mesmo perfume adocicado? Acho que, então, tomado de justiça divina, pois na vida tudo acaba em castigo, eu permitiria que ela batesse forte todo o seu corpo nos para-lamas do meu carro, mesmo com o perigo de isso amassá-los, estragando inclusive meus faróis de milha.

Sei lá quantas vezes ela já me matou, em outros tempos.

PARADOXOS

*Lanço paradoxos
anzóis sem isca
pescando revelações
que não se explicam.
Palavras brecadas
só ditas interiormente.
Palavras que se repetem
sem eco
dentro da carcaça
da minha mente.
Do meu juízo
só vêm mentiras
em que não acredito.
Sou eu me falando
e eu não me ouvindo.*

15.
O TÚMULO

Fazia semanas, que me vinha uma espécie de lembrança. Eu sabia que tinha de ir lá, um lugar evocado em meus sonhos não decifrados, tinha que ir, mas para onde mesmo? Revelou-se então a imagem. Era o túmulo da minha família, que eu não visitava fazia mais de vinte anos, acho. Daí, decidi, faria uma visita. Fui lá numa tarde de dia bonito, folhas pelo chão nas alamedas estreitas, árvores mirradas pela estação. Perguntei na secretaria do cemitério, vocês sabem onde fica o túmulo da família tal? Depois fui contando as quadras, lendo salteado as lápides, passando por cima de muitos túmulos, tentando não me sentir culpado pela invasão. Achei o velho túmulo. Que agora se mostrava arrombado, o portão baixo, de ferro, solto. Despregada de seus gonzos, parte da ferragem tinha caído no fundo, tudo escuro. Desço, não desço, resolvo ir lá embaixo, tinha um espaço que sumia no fundo do buraco, cheirando a chuva. Faço a figura valente de um ginasta olímpico, me seguro na borda do sepulcro e jogo meu corpo naquele poço de morte. Quase escorrego, meus olhos se acostumam devagar àquela escuridão quieta. Urnas, entrevejo algumas arrebentadas, em gavetões, alguns deixando ver caixões. Tateio, minha mão escorrega num tecido com toque de plástico. Era uma meia. Deixa ver, é uma meia preta, vejo isso por uma nesga de sol que entra num canto da escuridão. Meia preta com um pé dentro, só ligamentos secos e ossos, tudo muito antigo, muito morto. A meia preta está perfeita, é de *nylon*, antigamente se usava desse tipo, meia que suava e molhava no pé dentro do sapato, mas que era então o cúmulo da modernidade, luxo *dopo* guerra. Devia ser a meia do meu tio. Muito generoso, enterrarem ele com meias tão finas. Faço essa blague interiormente, para espantar não-sei-o-quê. Agora estou ao sol, de novo. A sepultura jogou em mim sua maldição negra, me fazendo cego sob tanto brilho. Me retomo.

Então, ao chacoalhar aquela meia saquinho-de-café coado, me senti bastante corajoso. Caem pedacinhos de coisas que recuso identificar. Naquele mesmo momento noto uma barata, dessas pequenininhas e marrons, que sai desatinada pelo chão, perdida na iluminação do sol, fugindo da sepultura aberta.

Seria isso um sinal? Talvez ela fosse uma alma reencarnada, quem sabe até a do meu tio, a grande vergonha da família, retornado como barata tonta.

Agora ajoelhado, meto a mão dentro do gavetão que fica mais no alto. Escarafunchando com os dedos, descubro, também que ali faltava um crânio, nas prateleiras de cimento. Sobravam os outros ossos. O saqueador deve tê-lo levado embora para fazer magia negra, imagino.

Se for o crânio do meu tio, certamente nenhuma magia há de dar certo, ele sempre foi um fracasso. Minha família, morta. Dia seguinte, fiz o que a obrigação me mandou fazer.

Mandei consertar o túmulo, caiar, cuidar, regar, botar os ossos numas urnas novas, de plástico azul, iguais aos baldes de supermercado. Fui embora, meio duvidoso do valor dos meus feitos.

Naquela noite e em tantas outras seguintes, me voltaram as imagens nítidas da meia preta e da baratinha marrom. Daí que comecei, talvez inconscientemente, a preparar minha pessoa viva para deitar, dia destes, num daqueles gavetões empilhados. É irônico pensar que vamos ficar todos na mesma cova, nós, parentes que nunca nos demos bem, nunca nos sentimos felizes juntos.

Digressão: tem um muramento genético que sinto frequentemente se derrubando em cima de mim, é um sonho recorrente. Na verdade, identifico muitos muros, irregularmente caindo uns sobre os outros, e eu debaixo. Se me mexer, eles se movem precariamente, desmanchando pó por cima de mim. Sou carne esperando virar muro. Me esquivo de um ataque de nervos.

Sabe? Da morte não quero nem um segundo extra para me arrepender do já havido e irrecuperável. Quero morrer todos os dias, me acostumando aos poucos com os sustos da fatalidade fatal, professando no cotidiano a consciência da minha provisoriedade neste mundo.

Pensando que toda morte é assim: num determinado segundo vai ser sim e no próximo... não vai ter o próximo. Nunca mais voltei a visitar aquelas gentes mortas. Se eu voltar, não será por vontade própria.

Ela é linda!
Ohh!!
Ela é linda.
Eu a quero
e para prendê-la
lanço o meu laço
meu laço
de nó corrediço.
Pelo pescoço
meu laço laçou-a.
Ohh!!
Pelo pescoço
ela me vem puxada.
Ohh!!
Pelo pescoço
eu a vejo enforcada.
Ohh!!
Ela agora
não está mais linda.

16.
NOITE DESPROGRAMADA

O Harry ganhou um convite, tinha festa na casa de uma fulaninha grã-fina, no Jardim Europa. Oba, vou de carona! Botei meu único terno, aquele cuja casimira cinza-riscadinho parecia plastificada de tanto ser passada a ferro – e lá fomos. Festinha de *jeunesse dorée*, Jaguares e Mercedes na porta da mansão, sinalizando um óbvio não para minha figura quase proletária.

Fiquei por ali, desacertado, copo de *whisky* na mão, matando todos os acepipes que passavam voando em bandejas. Eu me via seco numa ilha cercada de borbulhas, sem contato com as gargalhadas, os abraços. Todos se conheciam dos mesmos clubes, de outras festas as quais eu não havia sido convidado. Inserção social, é isso o que minha linguagem corporal se desesperava em suplicar.

Sobrava só a sensação de estar sentado sozinho numa cadeira no meio de uma quadra de basquete, depois que o público foi embora, sem ninguém reparar no surrealismo da minha presença. Cadê o Harry?

Um grã-fininho me diz, meio que fazendo pouco, que meu amigo tinha ido embora, para uma tal *boîte*, esqueci o nome, agora. E eu tinha vindo no carro dele, como pôde? Para voltar de lá tinha no bolso só grana para pegar um ônibus. Puto. Fui caçá-lo, na maior frustração.

Entro naquele auê esfumaçado da *boîte* com luzes vermelhas e verdes penduradas e vejo meu amigo enlaçando pela cintura uma morena que se chamava Índia, pois que se parecia com uma. Gostosa, peituda, coxuda, bunduda. Parei na frente dos dois, trocamos incivilidades e eu provoquei meu amigo a brigar comigo a socos, lá fora. Era uma questão de honra e também de ciúmes, de me sentir um merda despossuído.

Piorando as coisas, me doía um dente, uma cárie aberta, que havia tratado antes com uma espécie de lança-perfume que se vendia em farmácia.

Precisava estourar a bisnaga de vidro com um chumaço de algodão e enfiar o bico dentro da orelha, tomando cuidado para não me cortar. Um jato frio e violento então se espalhava, sibilando pelos túneis interiores do ouvido, enquanto a anestesia insensibilizava até o osso do queixo, fazendo tudo dormir – inclusive a dor de dente. Bem, o Harry havia se decidido, estávamos agora um de frente para o outro, tremendo, os punhos fechados.

Poucas pessoas por ali: um porteiro sonolento, dois ou três bêbados distraídos, nenhuma curiosidade sequer para um levantar de pálpebras. Harry: "Bate primeiro, se você tem coragem."

Eu dei um soco, com tudo. Só que ele espertamente desviou o seu rosto. Meu dedão então raspou no seu queixo, torceu-se ao contrário e virou para trás, rompendo-se os ossos aos pedaços. Naquele momento, nem percebi. Fomos os dois rolando no chão, agarrados. Ele querendo me bater, inutilmente, socando minhas costas, pois eu o estava abraçando com toda força. Segurei o ataque, como podia. Foi quando eu tive um acesso de risada, primeiro devagar, com pudor, e depois gargalhando que nem um louco.

"Harry, para seu puto, para. Acho que quebrei a mão." Sabe lobo que paralisa instantaneamente quando o outro lobo com que está lutando oferece a garganta? Foi assim que a briga acabou. Nos levantamos, amarfanhados, e fomos lavar o sangue de algumas feridas lá dentro, no banheiro da *boîte*. Ríamos muito, agora, descontrolados e confusos, com o alívio de ter nossa terna amizade retornada. "Porra, precisamos ir a um hospital." Concordei.

A Índia era enfermeira. Minha mão latejava, doendo muito. Voltamos ao salão abraçados e aquele monumento de mulher se levantou, pegando docemente minha mão, procurando ossos quebrados, fazendo raios X com seus dedos. Instantaneamente tive uma ereção. E já que éramos amigos novamente, não tive vergonha de pedir: "Posso comer a Índia?".

E ele, superior e magnânimo: "Pode." Fomos para minha casa, um apartamentozinho minúsculo. No carro voavam expectativas luxuriantes, eu ia foder a Índia proibida, que vivia na coleira do Harry! Lá chegados, deitei em cima dela na cama estreita, baixando as calças só até os joelhos. Enquanto essas manobras complicadas ocorriam, o Harry ficou no terraço, olhando, filósofo, o movimento dos carros que passavam pelo viaduto, lá fora. Não foi um amor gostoso. Talvez porque enquanto eu bombava a moça, tinha que manter a mão direita para o alto, que agora começava a doer em ondas, cada descarga crispando meu corpo, sentia a dor passando de um dedo para o outro. Gozei, forçado. Grande Harry! Meu amigo era assim, amigo dos amigos. E, principalmente, meu amigo. Juntos, Harry e eu esbarramos, muitas vezes, na tragédia total. Uma vez decidimos sair em quatro: o Harry, a Índia, eu e uma colega dela. Bebemos umas e fomos para o carro.

Fazia frio e as janelas estavam fechadas. Os vidros se embaçavam. Não sei por quê, o Harry não dava logo a partida. Foi quando aconteceu.

Um sujeito de meia-idade, magro, jeito de trabalhador pobre, porém honesto, começou a socar o vidro das janelas do carro. Ele gritava não sei o quê, tentando se pendurar por fora do carro, foi indo, se arrastando sem largar a maçaneta da porta trancada, enquanto o carro pegava alguma velocidade. A Índia berrou para o Harry "Acelera! Acelera!".

O Ford disparou roncando com o sujeito se deixando puxar, debatendo, até ficar lá para trás, tropeçando e depois caído no chão, meio ridículo.

Perguntei, assustado: "Quem é aquele cara?". E a Índia, soltando uma risada de quatrocentos dentes: "Meu marido." Insisti: "Tá brincando? E você deixa ele corno, jogado no meio da rua?".

Resposta divertida: "Ahh, ele está acostumado."

Pois o marido não estava acostumado. Dias depois aquele homem matou, a machadadas, os dois filhos deles, bem criancinhas. Machadou também o corpo da Índia com quase quarenta golpes. E se suicidou, a facadas, no plural. Ela sobreviveu em condição terminal. Ficou mais de um ano internada num hospital público. Passam-se os meses e certo dia o Harry me liga, pedindo socorro. Contou que a Índia tinha acabado de sair do hospital e que queria se encontrar com ele. Tinha declarado, comovida, que havia guardado tesão em cada dia passado no hospital, e que ele era o amor da vida dela.

Fui contra: "Ô, Harry, ela está toda costurada, deve ter virado um Frankenstein. Pula fora." Bom coração, o do Harry. Apesar de relutâncias, ele foi cumprir o seu dever. Imaginei a Índia recendendo clorofórmio, numa cama de hospital que levitava pelo quarto, as paredes decoradas com pedaços de gazes ensanguentadas. A boca da moça, na minha cabeça, tinha crescido até formar um poço e ela gritava palavras que não passavam para o mundo dos vivos. Ao encontrá-lo, dia seguinte, quis saber: "Como foi a trepada?".

Ele, olhando de lado, estranhamente tímido: "Eu fiquei com a luz apagada. Tentei lembrar como ela era bonita, antes. Mas, cada vez que encostava no corpo dela, sentia cicatrizes salientes correndo por todos os lugares." Eram queloides, não me dei ao trabalho de explicar.

Ele nunca tinha notado que a Índia era mulata. Não era índia. E daí? Isso interessava agora?

SEM OPÇÃO

Cadeira elétrica
sem eletricidade.
Forca sem alçapão.
Fuzilamento armado
sem munição.
E assim vamos
de curto em curto-circuito
pendurados em cordas
encostados na parede
na espera do acidente
da explosão iminente
que vai nos levar
para o nosso ponto final.
Sem chance de reverter
o que está para ocorrer.
Mas desafio o destino.
Ligo a cadeira
me jogo do cadafalso
me atiro no espaço
eu antecipo
eu decido.
Ou era justo isso
que Ele queria
e eu não sabia?

17.
VOCÊ INSISTE DEMAIS

"Você sempre quer ir até o fundo nas tuas relações sentimentais. Que besteira." Eu tinha tomado três chopes e repetido trinta vezes, com detalhes, o que ela (ela, tanto faz, ela) quis dizer quando disse aquilo (qualquer aquilo). O Coutinho estava me explicando o quanto achava idiota eu ficar especulando coisas contraditórias sem sair do lugar, sem chegar a conclusão alguma.

"Mulher diz o que quer e você entende o que quer... pronto, acabou." Por minha teimosia em querer entender, o Coutinho me classificava na categoria dos neuróticos obsessivos, desses que insistem em levar compulsivamente os assuntos até o fim. Como se fosse possível não ser. Eu mesmo achava que, no máximo, minhas especulações só serviam para chegar um pouco mais perto das verdades ocultadas – mas essas verdades, ao me aproximar, pulavam sempre um pouco mais para longe, onde eu não podia chegar.

A filosofia do Coutinho ensinava: "Ficar escarafunchando assuntos não leva a nada. É que nem papel higiênico, entendeu? Quanto mais fundo você enfia o papel higiênico no cu, mais ele volta manchado de merda." Bela imagem. Ou seja, seria mais saudável fingir que o cu estava limpo já na primeira ou segunda passada. E tocar a vida para frente. A isso eu chamo sabedoria.

Ele era adepto radical do "deixa parado". Essa era a expressão favorita dele, pois que ele não botava fé nas infindas discussões que eu vivia provocando. Só me ouvia porque era meu amigo.

A regra básica dele era: "Se você não vai com a cara de alguém, pule fora. Confie na intuição. Não fique se expondo que nem uma besta. E cuidado com as mulheres."

Me lembro de ele falar, enquanto rodava os braços, parecendo abarcar todo o universo, abraçando bilhões de galáxias: "O mundo está lotado de gente, não existe isso de única alternativa. É uma questão de estatística. Alguém novo sempre vai aparecer na tua rua, na tua cidade, outro país...".

Pausa significativa, sorrisinho maroto: "Isto se você conseguir se livrar do passado." Palavras de profeta. Meu caso com a minha namorada da época estava nesse ponto ruim, de eu me sentir obrigado a falar, falar. Já se havia criado entre mim e ela *mala sangre* e tinha decidido: "Vou acabar com tudo, preciso." Mas o tesão sempre atrapalha as melhores intenções.

O sábio Coutinho também era um descrente do amor carnal: "Se você precisa descarregar tua porra, pegue uma puta. Pague bem a puta. E depois faça uma anotação, de 0 a 10. Marque num caderninho. Na próxima vez que precisar de uma, consulte suas anotações. É mais fácil e mais barato do que ficar correndo atrás da amada, que aliás até já pode estar agora com outro na cama, falando justamente sobre você...".

Eu meio que odiava aquela ironia pesada. Que me entristecia, inclusive. Mas, por outro lado... eu me sentia revirado em minhas convicções. Será que aquela algaravia dele, falsamente racionalista, fazia sentido? Papo de perdedor?

Eu queria porque queria acreditar que ela, minha amada-desamada, me dava mais do que pura cama. Será que dava, mesmo? Sei que, quando nós dois estávamos a sós dentro do ringue do cotidiano, eu nunca podia me deixar deitar no colo dela, relaxado, para confortavelmente reclamar da vida. Também não adiantava tentar entrar em *clinch*, para fugir dos golpes.

Nossa luta era dura, sem trégua, regras severas. Disputávamos aos socos quantos metros de palavras cabiam para cada um de nós. Quantos causos podíamos expor, alternadamente. Quanta abobrinha um ou outro podia jogar fora, sem fazer o companheiro bocejar.

Fazer amor com ela só acontecia no último minuto antes do gongo bater. Depois, cada um ia se aconselhar com o seu *manager* interior, dentro da cabeça, com direito a banho de gelo e vaselina esfregada na testa, nariz e queixo para então continuar o embate. O amor funcionava só como um alívio provisório, um intervalo entre um *round* e outro. Era este, exatamente, o ponto do Coutinho: "Para que sofrer, cara? Procure gente. Tem livros. Tem filmes, ir ao cinema sozinho também é bom. Vá a *vernissages*. *Vernissage* serve para caçar mulher. Elas gostam de fazer figuração de sensíveis. Fique sensível e coma alguma disponível."

Cínico, o Coutinho? Só podia ser, ele não dava colher de chá, tinha mesmo que ser duro, pois era freguês habitual do Hospital do Câncer, onde ia fazer quimioterapia, todas as semanas.

Que não adiantava muito, parece, pois a voz dele saía como se ele estivesse falando de dentro de um funil, bem lá no fundo.

Piorou cada dia mais e se suicidou, depois – mas esta é outra história. Enquanto isso, eu continuava lamuriento, angustiado, me sentindo cada vez mais fragilizado por admitir minha entrega à paixonite da época.

Mas não parava de refletir: e quando o amor acabar, e cada um for para o seu lado, o que vai sobrar de tanto amor? Será que só a lembrança do amor, que ficará assim ainda mais complicado de digerir, justamente porque acabou?

Vamos, cara, acabe o caso! A raiva me forçava a listar outros itens nesse balanço de restos: será que vai sobrar só toalhinha molhada de porra? Só desperdício de tempo, tempo este em que eu poderia ter lido todos os autores que me esperavam por anos na estante? Filmes que ficaram *cult* sem que eu os tivesse visto, antes, na estreia? Eu podia, talvez, ter investido tempo e atenção em outras pessoas que me amam? Ou mesmo cair de cabeça no trabalho, ganhar mais grana?

A variedade de ofertas é ilimitada, o mundo tem imensos Cadernos Classificados de Amor para encontrar quem se está procurando. Otimismo, pois. Vai ver que estou viciado em papel higiênico, cavoucando cada vez mais um fundo onde só tem túneis intermináveis, tripas que se retorcem dentro da barriga, busca estéril, tantálica. Tem gente que só fica feliz quando volta a chafurdar no mesmo charco de culpa, recorrentemente, fazendo questão de sempre colocar a felicidade na mão de outra pessoa.

Busca de dor, que acontece quando se quer desviar das verdadeiras questões.

Não faço esse personagem, não quero fazer. Eram dias amargos, tentações imaginárias de chegar a desejar a morte. Foi quando saiu o resultado do *check-up* que tinha acabado de fazer. Deu 100% ok. A vida seguia, pois.

LABORES

Na escada lisa
subo e desço.
Mais subo?
Mais desço?
Escorrego
e subo
ao mesmo tempo.
Degraus invisíveis
zombeteiros
riem sem riso
marcando o tempo
que nem passa
nem fica.
Os que já se foram
também não sabem
o que hoje não sei.

18.
ALGUÉM PUXA UM REVÓLVER

E dá um tiro em alguém. O outro vira cadáver. E assim a alma do assassinado pega o elevador e sobe, vai embora, para os caminhos altos. Eu, que tive a mania de atirar em paredes, alvos de papel, árvores, sempre me perguntei como seria atirar para matar. Tenho uma ideia, pois já passei muito perto desse limite. Há sempre uma tremência, antes de uma pessoa atirar, uma balbúrdia interior. Você levanta a arma já imerso numa catatonia em que outro eu toma o seu lugar. E vira veículo desse outro eu, que nem cavalo de candomblé.

Enquanto você aperta o gatilho, sobra uma imensidão de tempo, que dura todo o percurso do cão da arma, que vai recuando até chegar ao ponto em que a mola se solta e bum! Visto de fora, parece que se passaram só frações de segundo entre o apertar o gatilho e a detonação. Mas o tempo do gatilho sendo apertado e o cão que se solta é igual a uma corrida numa planície desértica, você sob o sol, sem fôlego, a boca seca, na ânsia de chegar ao outro lado. Dá muito tempo para pensar. As cordilheiras estão lá longe e você corre, corre.

Num cronômetro, o ponteiro quase não se mexeria. Mas, nesse tempo a que me refiro, o tempo não é o terreno, do mundo natural das coisas. Tudo acontece lentamente, se desdobrando ao infinito. Quando você vai matar alguém, juntam-se dois tempos diferentes: um longo, longuíssimo, mecânico, o do gatilho apertado, o do cão se movendo, o da mão selada no cabo e os olhos fixados, duros, que não precisam ver mais nada. E outro tempo é o do rancor que se acumulou em camadas, cada vez que você considerou a ideia de matar aquela pessoa em que você está atirando. Já quando o cão da arma se solta, é a guilhotina caindo, acabaram-se todos os tempos. Resta ficar observando a destruição causada, desde outro planeta, enquanto os ouvidos ficam surdos com ecos abafados, você em suspensão. E daí você sabe que vai pagar pelo que fez. É uma constatação que vem sem dor, ainda sem arrependimento. Está feito. Aconteceu na minha família. Meu avô, homem de gênio severo, precipitado, tinha clareza absoluta quando os assuntos envolviam honra pessoal.

Foi assim que matou o irmão, com um tiro na cara. Depois, foi rebaixado compulsoriamente na hierarquia da empresa em que trabalhava, mesmo provada a legítima defesa. Nunca disse uma palavra de remorso. Mas a vida da minha família então se apequenou, a partir daí, devastada pelo desastre. Aquela bala '32 não matou só meu tio-avô. O projétil ricocheteou nos *abajures*, janelas de vidro com desenhos coloridos, panelas na cozinha, paredes sujas, chão de linóleo, cristaleira com licor feito em casa. Cinzeiros de cristal com bolinhas coloridas dentro, jarras de cerâmica enfeitadas com flores de papel crepom. E seguiu atravessando cabeças e corpos em seu caminho sangrento. Alcançou minha avó, que comia nabo cru, batendo a lâmina depressa até conseguir transformar o nabo numa pasta – para então encher a boca, mastigando com uma dentadura que teimava em sair pulando para fora. Voltou para meu avô que mijava aos soquinhos e devia ter câncer na próstata. Pegou no meu tio marginal, que roubava coisas do emprego e por isso estava sempre desempregado. Também meu tio dentista, que odiava tratar cáries nos dentes dos alunos do grupo escolar, preferindo arrancá-los logo de vez. Minha tia fogueteira, histérica para sair de casa por meio de um casamento, qualquer casamento. Minha outra tia, enfermeira, que hibernava semanas como interna do Hospital das Clínicas, achando mais interessante tratar doentes de "fogo selvagem" do que bater ponto em casa. E olhe que aqueles doentes deixavam a pele grudada nos lençóis, berrando desesperados, cada vez que as enfermeiras mudavam sua posição na cama. Matou também meu pai, que estava doente do coração, lembro-me dele jogado na cama patente armada na sala de jantar do sobrado onde morávamos. Aquela bala esburacou todo mundo, ela não queria parar. Matou muitos, até não sobrar quase ninguém com meu sobrenome. O meu pai tinha um problema no coração. O doutor lhe havia recomendado repouso, ele estava proibido até mesmo de subir um lance de escadas. Armaram para ele uma caminha na sala de jantar, no térreo. Eu fazia o Grupo Escolar, na época. De vez em quando, o pai me chamava perto de si e eu me achegava, ressabiado. Ele tinha sempre a testa porejando suor gelado, parecido com gelo tirado da nossa velha geladeira. Mas era quente, também. Ele me dizia duas ou três palavras desimportantes, nem lembro sua voz – e eu estava livre. Alívio. Um dia, meu pai resolveu tomar banho de chuveiro, dispensando as esfregações do seu corpo que eram feitas com uma toalha úmida, naquelas tardes de calor brabo.

Desobedeceu ao médico, quis experimentar de novo o prazer da água de chuveiro. Subiu as escadas e passou a chave no banheiro. Dava para escutar a água correndo e as gargalhadas, ele cantava. Parecia muito feliz. Então a *nonna* começou a bater desesperadamente na porta.

"*Mio figlio, mio figlio, apre la porta, per l'amore di Dio!*"

Lá dentro do banheiro continuava a cantoria. Soluçante, ela me mandou chamar o *nonno*, no salão de bilhar, alguns quarteirões dali, onde ele devia estar jogando com outros velhos italianos, aposentados, como ele. Mas tinha um problema.

No dia anterior, eu estava andando à toa numa rua de terra, perto de casa, descalço, onde trabalhavam algumas oficinas mecânicas.

O Paraíba, meu amigo, foi aprender a ser mecânico numa dessas oficinas. Largou a escola para ajudar a mãe com muitos irmãos. O gosto dele era abrir todos os botões do macacão cheio de graxa e tirar o pau para fora, para mostrar às meninas que iam, naquela hora, para a escola. Fingia punhetar e gargalhava alto, divertido. Meio maluco o Paraíba. Enquanto isso, elas corriam dali segurando as saias, passinhos curtos e fingiam gritinhos escandalosos, sem, porém, desviar os olhos daquela canalhice desavergonhada. Depois, na hora do recreio, com suas réguas de madeira e largos gestos, elas apostavam quantos centímetros teria aquele instrumento dele. Quem perguntaria o tamanho justo?

Voltando: eu vi então um montinho de cinzas brancas, uma piramidezinha, que, chutada, iria certamente explodir em nuvenzinhas macias, gostosas. Mas decidi pular direto dentro do montinho com os pés escancarados para os dedos usufruírem cada um tal prazer. Que sorte! Os outros meninos não deviam ter visto, eu estava sozinho nessa. Só que dentro do montinho se escondia um núcleo queimante de carvão-coque, com suas pedrinhas vermelhas bem acesas e pequenininhas e que podiam, portanto, se acomodar entre os dedos dos meus pés. Caí para trás, impactado pela dor da queimadura. Desmaiei, por um lapso de tempo. Naquele tempo tinha racionamento de gasolina, que era reservada para os veículos militares e os oficiais. Por isso, os carros comuns eram movidos a gasogênio, que usava carvão-coque. Aquele montinho era o resultado da limpeza de algum motor a gasogênio, que havia despejado os seus cilindros de coque ali.

Gritei e continuei gritando nos braços de alguém caridoso que me levou para casa, meus pés fervendo, os dedos grudados uns nos outros, pés humanos transformados em pés de pato. Naquele dia seguinte, minha avó, esquecida dos meus pés cheios de bolhas e ataduras, me pedia para sair correndo pedir socorro ao meu avô. Tratava-se de uma emergência. Meu pai enlouquecido estava no banho e meu avô no bilhar. Vai chamar o *nonno*! Vai! Vai! Vai, menino! Vai! Subi a rua só pisando nos calcanhares enrolados em panos, descalço. Meus pés doíam muito a cada baque no cimento da calçada. Cheguei lá no salão com lustres amarelos bem no momento de ver o *nonno* errar uma tacada. Mau. Mas minha notícia era pior ainda. E ele voltou correndo desajeitado, corrida de velho, eu penosamente manquitolando atrás. Meu pai afinal acabou por ceder às lamúrias e murros – e abriu a maldita porta. Foi descido embrulhado em lençóis, nos braços da família. Seu bigodinho de época, preto, fazia contraste no seu rosto branco. Imagem sacra. Tinha 33 anos. Já não estava alegre. Mas sorria, beatificado. Os lençóis tinham virado um sudário molhado e meu pai, agora Cristo baixado da cruz, parecia igual como nas pinturas da Renascença. Jesus tenha compaixão do teu humilde servo. Pai nosso que estais no céu, pai nosso que estais no céu. Ele durou mais uns dias e morreu. Pude vê-lo depois dentro de seu caixão preto brilhante, com entalhes dourados, na sala de jantar. Fiquei muito orgulhoso de notar os florões de ouro que eu não sabia serem falsos e que enfeitavam a tampa do caixão. Comentei com os amigos, ficávamos correndo por ali e curiosamente nenhum adulto me deu um puxão de orelha ou um safanão disfarçado.

Devia ter custado uma fortuna, o caixão. Numa das vezes que passei perto do morto, chamaram minha atenção as pontas dos sapatos dele. Os sapatos sobressaíam da inundação de flores que soterravam o corpo deitado. Eram sapatos que pareciam de verniz alemão legítimo, novíssimos. Fui me certificar, esfreguei o dedo no solado e descobri, desapontado, que aqueles sapatos eram de papelão, coisa vendida pela Funerária, besteira enterrar alguém com sapatos de verdade. Tinham o carimbo da funerária no solado. Eram tempos difíceis. Fiquei meio desconcertado com tanto pragmatismo.

Hora de fechar o caixão. Beija teu pai, beija! Você não vai mais ver *ele* nunca mais, beija! Beija! Beija, menino! Eu tinha me transformado na principal atração daquele velório, todos os rostos tinham bocas que insistiam beija! Nauseado, encostei os lábios no rosto do morto, minha nuca empurrada gentilmente por um dos meus tios. A pele do cadáver então escorregou um pouco, deslizando sobre os ossos daquela cara. Minha boca estava trancada em horror.

O suficiente para me fazer gritar, "O pai está vivo, está vivo!". A *nonna* deu um grito e caiu de costas nos braços das carpideiras, que perderam o equilíbrio. Elas se amontoaram umas em cima das outras, para não desabarem juntas. Chamaram então um médico, que forcejou esticar os braços dobrados do meu pai, já endurecidos naquela posição de mãos fechadas em súplica, rosário embrulhado nos punhos, no aguardo de sua entrevista com o Senhor.

Tentaram enterrar uma agulha de injeção grossa numa veia azul que se escondia debaixo da pele. O êmbolo da seringa não conseguia empurrar nada, a veia estava endurecida, empedrada. Senti olhares de comiseração e desprezo indignado dirigidos a mim.

Fechado o caixão, foram todos ao cemitério. Eu fiquei em casa, brincando, acho que de castigo. Depois do jantar, fui até o portão da casa. Verão com o ar parado, sem correntes benfazejas. Hora de lusco-fusco, a iluminação do poste da rua fazia um cone dourado invertido sobre a calçada vazia do outro lado da rua, puro Edward Hopper. Então notei meu pai, com seu jeito irônico, meio que sorrindo, apoiado no poste, uma perna dobrada, olhando direto para mim. Desembestei apavorado pela sala da frente gritando, "Meu pai! Ele está lá na calçada, eu vi!". Minha avó, sentada na poltrona, ainda chorosa, fazia tricô, os olhos vermelhos escondidos atrás dos óculos. Ao ouvir meus gritos, correu para a rua para encontrar o fantasma do filho.

E assim, outra vez, só consegui trazer tristeza e desapontamento para aquela casa, que logo depois seria vendida e derrubada. Tem agora lá construído um prédio grandão, de cimento armado, que não consegue nem ser vendido, nem alugado. É o encosto do meu pai.

Ele fica por ali, rondando, debaixo daquele poste, sempre um inconformado.

ACASO

*Foste escolhido
por motivo
que nunca saberás.
Ao morrer
outros de ti
voltarão aqui
para de novo
perguntar.
Pobres ideias
essas que te caem
ao acaso
a fazer-te entender
que se estamos aqui
não é para aprender
mas só para brincar.*

19.
UMA EXPERIÊNCIA PSICOSSOCIAL

Certa vez estava eu num bolinho de gente, meus colegas da Faculdade São Francisco, 2º ano, eu já com duas dependências. Discutíamos como era possível que um homem só, Hitler, conseguira sequestrar a alma de toda uma nação, levando-a à guerra e com isso envolvendo o mundo nas suas desgraças. Minha tese era que bastaria um grupo de homens decididos, dispostos a qualquer violência, para pôr de joelhos um povo, arrancando dele seus valores humanitários e sua vontade de reagir ao disciplinamento cruel a ele imposto.

A discussão pegou fogo e eu fiz uma proposta: "Vamos lá no restaurante do Elefante que eu vou fazer uma experiência social que vai provar que eu tenho razão." O restaurante, de bandejão, ficava no centro acadêmico XI de Agosto, no edifício da própria Faculdade. O dono era o Elefante, um cara quase anão. Descia-se lá por fora do prédio da escola. Uma ladeira, mais alguns degraus para baixo e o espaço se abria num salão grande com dezenas de mesas ocupadas pelos alunos. Todos falavam quase que gritando por causa do barulho dos talheres, dos pratos. Uma zona. Então eu fui, degrau por degrau, até ficar no meio da escada. Estava, portanto, um pouco acima da escumalha, que seguia comendo, ignorante do que viria por acontecer. Tirei do cinto minha pistola calibre 22, que havia acabado de ganhar numa transação complicada. Apontei então a arma para a parede no fundão do restaurante, a uns vinte metros de distância, atrás do balcão das comidas, onde o pessoal estava se servindo.

E comecei a atirar, uma bala atrás da outra, que cruzavam o salão, por cima das pessoas e iam se espatifar na parede onde reinava o Elefante, estilhaçando pedaços de cimento e soltando poeira com a cal que se desprendia da parede. Todos se jogaram no chão, todos. Até o Elefante sumiu. Continuei puxando o gatilho até que as dezesseis balas terminassem. Silêncio.

A experiência sociológica se encontrava em andamento. Fiquei lá, em estupor, olhando os colegas jogados no chão, arroz e feijão em cima das roupas.

Me fixei especialmente num ovo estrelado nas costas de um cara, não sei por que me liguei naquilo. Dez segundos, vinte segundos, meio minuto, as imagens continuavam paralisadas. Aí ordenei ao meu corpo que se movesse, voltando pelas escadas. Fui indo, sonambúlico. Chegando à porta de entrada dei uma olhada de esguelha, por cima dos ombros. Ninguém se movia, parecia uma trincheira da Primeira Guerra depois de um petardo de canhão ter explodido dentro. Os meus amigos, que tinham vindo para testemunhar, também estavam em transe, me esperando na calçada. Quebrei o encantamento convidando todos para um cafezinho, no bar ali no Largo. Pronto, minha tese estava provada.

Tinha dado um grande blefe e ninguém pagara para ver. Jogara minhas únicas cartas, e os Outros tiveram medo. Ninguém depois nunca veio se queixar comigo. Ninguém me denunciou à Congregação. Minha carreira havia finalmente começado: eu havia me tornado um Mito, diante do rebanho de carneiros.

Pastor imponente, cajado na mão, um ventilador de estúdio de cinema levantando minha cabeleira esvoaçante, olhos dardejantes dirigidos ao Infinito, igual aos cartazes que anunciavam filmes bíblicos.

Enquanto eu tomava café preparando meu personagem, cercado de admirações, não consegui perceber o quanto se tinha desenfumaçado meu futuro.

Havia se formado uma missão para mim, claramente teria que tomar o Mundo de assalto, se me sobrassem vontade, coragem e cinismo.

No balcão de mármore do bar onde me ocorria essa teofania, xícaras e pratinhos faziam barulho demais, competindo com o vozerio dos amigos, os carros que buzinavam, os milhões de pés socando as calçadas. Dentro de mim, silêncio arredio. Talvez valesse a pena iniciar um movimento, um partido, gritar promessas para ouvidos pedintes de mentiras. Mais um café? Me ofereceu um colega sorridente, generoso, xícara fumegante na mão. Não, obrigado, pensei sem responder. Virei a cabeça e peguei o sujeito em close, visão de grande angular, que me fez saltar aos olhos todos os seus grotescos detalhes humanos. Um admirador recém-convertido, salivoso por me servir servilmente. Não parecia em nada com um dos Doze Apóstolos.

Não, nada valia a pena, a Humanidade não conheceria um novo Hitler, um novo Mussolini, um Stálin fazendo pose na Praça Vermelha, com muitos de seus ministros e generais retocados para fora da fotografia oficial, os que sobraram dos expurgos erguendo os braços em congraçamento uníssono.

E milhões de mortos, semienterrados nos campos de batalha, ouvindo os ecos das canções militares, suas almas ainda penando por entre monturos de lixo humano conservados na neve de Stalingrado. Amaldiçoados.

Mas, na verdade do cotidiano, o Mito estava com problemas, não tinha onde morar, minha roupa se espalhava na casa de um ou de outro ou era deixada em pensões que me hospedavam, às vezes. Camisas de colarinho sujo, cuecas irreconhecíveis, meias desaparelhadas, livros comprados no sebo e nunca lidos. Precisava dar um jeito. Uma carreira me esperava, eu só não sabia onde ela se escondia.

DÚVIDAS

Deus infinitesimal
macro abissal.
Deus do tudo
eu te pergunto:
meu milímetro
faz o teu metro
mais curto
ou mais comprido?
Sou parte
ou coisa inteira
que não se reparte?
Sei só que aqui estou
sem saber
se alguma vez
antes estive.
Cego, me sei cego.
Surdo, me sei surdo.
Cercado de espantos
eu aceito e calo.

20.
DNAs

Vi minha cara reproduzida repetidamente nos bustos de mármore amarelado exibidos na secção Roma Antiga, do Metropolitan Museum. Aqueles narizes de estátua, cabeças romanas em pedestais estreitos, cabelos enroladinhos, ar de arrogância desnecessária – sou eu.

Pareço um senador romano fingindo de poderoso. Ou um italianinho de merda, se depender da opinião de meus antigos colegas de escola. Nesses bustos tem uma constante falta de expressão nos olhos. São tristes olhos brancos, cavoucados, olhos de peixe fervidos em água quente. Personagens cegos que, quando vivos, ambicionavam eternidade ao se deixar esculpir e de quem ninguém mais lembra os nomes. No caso dos grandes generais é pior. Muitos dos admiráveis monumentos esculpidos ficam agora estocados em jardins públicos mijados.

Seus gestos de grandeza, os cavalos corajosos, os mantos tremulando ao vento, paralisados em nobreza marcial, são magníficos. Mas as espadas lhes são quase sempre arrancadas, sobrando só os tocos. Tão altissonante é a glória vã, passados os anos.

Quantos imperadores romanos são hoje lembrados? E os aristocratas gravados em paredes desenterradas, pinturas descoradas, cinzeladas em alto e baixo-relevo, quem era quem?

Minha admiração fica com os Budas. Dizem os textos sagrados que se contam em quarenta mil os que já passaram pela Terra. E que não buscaram nenhum crédito para si, desaparecendo ignorados, anônimos, deixando-se tragar, conscientes de sua transitoriedade. Sua herança, quem sabe seja só algum fermento invisível que não pode ser detectado por nenhuma varredura histórica. Desses Budas pode-se dizer que eles fiaram o tecido de que nunca tiraram proveito. Em favor dos que não possuíam nenhum pano.

Diferentes deles foram minhas tias defuntas, por parte de mãe, obcecadas por uma árvore hereditária que lhes pudesse trazer dignidade, exasperadas em seu anonimato opressivo.

Elas costumavam lembrar que tínhamos como antepassados gentes francesas, portuguesas, holandesas. Patética busca. Já as tias por parte de pai se orgulhavam dos antepassados italianos do norte. "Somos quase que alemãs, seu *nonno* era louro e de olhos azuis."

É a vergonha de ser brasileiro, de ter como antepassado o botequineiro português.

"Por que os holandeses foram expulsos daqui? Garanto que ia ser melhor."

Os portugueses não são amados, nesta colônia que já foi deles. E eu? Me olho de lado, no espelho, tenho bunda de preto. Será que tenho preto na minha genética?

Devo também ter um lado judeu. Minha mãe tinha nome de cristão-novo, daquela gente fugida das perseguições, dos *pogroms*, dos obrigados a emigrar para escapar dos bondosos jesuítas do Santo Oficio. Muitos me identificam como judeu, reparam no meu jeito, no meu nariz.

Judeu italiano? Você é judeu? Acho que vou começar a dizer que sim, sou judeu. Por causa da esquizofrenia, de me sentir perseguido, de estar sempre tão deslocado. Sem conhecer as margens, sempre à deriva. Numa estante empoeirada do meu avô fascista, entre velhas Seleções do *Reader's Digest*, descobri um livro desbeiçado, escrito pelo Martin Bormann, enaltecendo Hitler e as virtudes do nazismo em sua faina de eliminar o povo judeu da Alemanha ariana.

Grande elogiador do Holocausto. Literatura premonitória. Será que também o pegaram em Nuremberg? Eu, pequeno, meu avô me fez balila, que é o jardim de infância dos fascistas adultos, camisas-negras. Aprendi uma canção que dizia "Facetta Nera, bell' abbissina, aspetta e spera, che già l'ora s'avvicina! Quando staremo, vicino a te, noi te daremo, un' altra legge e un altro Re!'!". Meu avô costumava discursar, grandiloquente, passadas largas pela cozinha, o queixo em pé. "Os camicia nera pegam os traidores, os que não têm fé no Duce e enfiam dentro da boca deles um vidro inteiro de óleo de rícino. Seguram o desgraçado até começar a diarreia e aí deixam o maldito voltar para casa, cagando nas calças, para todo mundo ver." E gargalhava, batendo as mãos em palmas, ao lembrar os rebotalhos empesteados que tinha visto fugir pelos cantos das ruas da Itália de então, pelas sombras, na tentativa de esconder a merda aquosa, a diarreia acusadora que encharcava suas roupas. Minha avó, irônica, ouvia essas tiradas e olhava para o lado enquanto descascava batatas.

Nunca soube a opinião dela. Recebíamos em casa revistas em papel couché, de propaganda, com as fotos de guerra na Abissínia, os magros soldados negros amarrados em fileira, pelo pescoço, cabeças baixas, escravos com olhos de cabra, inacreditavelmente magros. Que tem isso importância agora? Não digo a História, que serve para demonstrar que os homens tristemente sempre se repetem, cometendo sempre os mesmos crimes. Falo de mim. Que importa a minha memória rememorante? Naquela época de garoto, vésperas do Brasil entrar na Segunda Grande Guerra, os jovens estavam sendo alistados no exército, e eram chamados de pracinhas.

Um tio meu foi convocado. Era um homem alto, cabeça desproporcionalmente pequena, que era protegido pelos oficiais, "peixinho", como ele dizia, porque jogava no time de basquete do Exército. Ele costumava aparecer em casa fardado, pose altaneira, cintas de couro atravessando o peito, as polainas lustrosas é que impressionavam mais. Certo dia ele resolveu atravessar o túnel Nove de Julho comigo, a pé, me ensinando a marchar. Um-dois, um-dois. Os carros passavam zunindo, a via estreita que sobrava na lateral da pista só permitia aos pedestres ser percorrida em fila indiana. Íamos os dois, aquele homem alto, fardado, e o menino, meio surdos por causa do troar dos carros amplificado pela acústica do túnel. De repente, dois, três tiros. Meu tio se joga no chão, reflexo de militar e me aperta junto dele, cabeça abaixada. "São tiros, tiros, devem ser os quinta coluna!". Ficamos ali abaixados em nossa trincheira de guerra. Ofegantes, encaixamos nossas baionetas para resistir ao ataque inimigo. Nada. As descargas vinham do escapamento das motos que passavam e que, às vezes, produziam estampidos, por farra. Meu tio se acalmou, nos levantamos, ainda receosos, aceleramos os passos, pressurosamente, quase correndo. Chegamos ao sol alaranjado, do outro lado do túnel, heroicos, havíamos sobrevivido. Lá fora se abria o horizonte luminoso do entardecer atrás das altas árvores do Parque Siqueira Santos, as folhas se movendo, tocadas preguiçosamente pelo vento. Criancinhas brincavam nos balanços do parque, suas babás se riam, escancaradas. Meu tio foi convocado diversas vezes a se agrupar, com sua companhia, no porto de Santos, para embarcar para a Europa como combatente. Mas era sempre só treinamento, ensaios. Apitos, formação, toques de corneta, mochila nas costas, fuzis e depois... última forma, debandar! Mas meu pai descobriu que a próxima chamada para a concentração de tropas seria para valer. Os pracinhas iriam mesmo lutar na Itália, seriam eles que ganhariam uniformes e jipes dos soldados americanos. E depois, subindo o Monte Castelo em ondas suicidas, para serem estraçalhados pelas pesadas metralhadoras alemãs. Heroísmo cafetinado por generais incompetentes, que depois voltariam ao Brasil para arriar o peito da túnica militar com tantas medalhas que elas, lá penduradas, mais pareceriam roupas coloridas secando no varal. Marciais e gordotes desfilariam em caminhões-pipa do corpo de bombeiros, sirenes ligadas. Consigo ver essa foto em preto e branco, o povaréu eufórico agitando os chapéus, resmas de papel picado caindo das janelas dos escritórios, janelas lotadas de sorrisos e acenos. O navio estava agora esperando no cais, bufando, o ventre aberto para receber os rapazes de cabelo escovinha, futuros mortos, aleijados, pedintes. Meu pai não deixou o irmão ir para a antipatriótica guerra contra a Itália e foi buscá-lo furtivamente entre os guindastes escuros e *containers* sendo movidos para a viagem. E meu tio desertou. Largou a farda, o fuzil, o embornal e fugiu para o interior, onde eu soube, de maneira transversal, que havia engravidado uma moça caipira, debaixo de um caminhão. Deve ter sido incômodo, com o eixo sujo e o escapamento lhe batendo nas costas. Fez família, numa cidade perdida, com nome índio. Mas tinha sempre que se mudar, assustado, cada vez que desconfiavam de ele ser um desertor.

O Getúlio Vargas havia decretado pena de morte para os que fugiam de morrer na guerra. Um dia, meu tio apareceu na cidadezinha onde minha mãe foi morar, depois de ter sido expulsa da casa de meu avô, onde ela morava com meu pai. Ela foi expulsa de casa e teve que me deixar com o *nonno*, acrescento minha parte, naquilo que me concerne. Ela havia, então, se casado novamente com um bom sujeito, decente, dono de uma modesta farmácia no interior. Na verdade, ele era prático de farmácia, sem diploma. Mas tinha como amigo o médico da cidadezinha, que mandava seus doentes com ordens expressas de aviar as receitas na farmácia dele. Naquelas lonjuras, ninguém dava atenção a esses detalhes. Meu tio ganhou emprego lá, graças à bondade da minha mãe. E durante os meses seguintes, ele se aplicou a roubar a farmácia, para montar a sua própria, num lugarejo perto, alguns quilômetros dali. Roubou talco Johnson, brilhantina Glostora, caixas de Cafiaspirina, gazes, seringas de injeção, caixas de remédio, vidros de xarope São João, esparadrapo, ampolas vencidas de sulfa, coisas assim. Comprou um jaleco branco e foi se fingir de farmacêutico. Com o pouco que havia aprendido na farmácia de minha mãe, começou a tratar os pobres com os remédios roubados. Deu injeções, aplicou vacinas, receitou os remédios de suas prateleiras. Calamidades interioranas, gente de pé esperando para ser atendida, meninos banguelas, criancinhas com febre embrulhadas em panos. Vastas ignorâncias, caça fácil para predadores desapiedados. Eu sou o sobrinho desse tio, que foi irmão do meu pai e ladrão de minha mãe. E que depois também roubou outro irmão. Que, por sua vez, devastado pela traição, tornou-se alcoólatra. E que acabou perdendo uma perna, aleijado por trombose, no Hospital das Clínicas. Morrendo mal, coitado. DNA, hereditariedade, fascismo, sobrevivência fisiológica, indigência ética, precariedade moral. Sou descendente dessa gente. Fracassados que fizeram fracassar outros, talvez até já, desde sempre, destinados ao fracasso. Hoje, todos inquilinos de cemitérios sem lápides, uma cruz aqui, outra ali, mato, tudo parecendo muito normal, corriqueiro, nem mais fantasmas morando ali. Eu sempre quis acreditar numa redenção depois da morte. Redenção para os defuntos, todos os defuntos, pois que pelo menos depois de enterrados, no mínimo acabariam por servir de adubo, transformando-se em árvores e flores, após passar pela fase de carniça. Esperança vã: soube que os seus líquidos escorrem dos caixões e levam suas bactérias, seus vírus, para os mananciais debaixo da terra, para os rios subterrâneos. Os mortos decompostos infectam então as funduras artesianas que circundam os cemitérios, adoentando quem bebe água de poço dentro daqueles limites. Defuntos anônimos que nada aprenderam, nem depois de mortos. Isso quer dizer que meu tio continuou deletério, germinando veneno.

E as infelizes vítimas dele, também, no dissolver silencioso de suas carnes. E os médicos dadivosos. E os advogados *pro bono*. E os juízes sábios, os policiais justos, e as mães extremadas, as crianças azaradas pelas doenças, os acidentados, as freiras dedicadas – todos mortos que voltam aos lençóis freáticos para levar a sua carga miasmática de charco apodrecido. O mal continua mal. O bom vira mal.

E andando pelas alamedas de túmulos, mesmo em tardes ensolaradas e floridas, ainda assim intuímos o medo. Temos razão de ter medo. Os pedaços de ferro incandescentes que vieram do espaço, voando bilhões de anos em nossa direção, lascas de outros mundos que nos trouxeram os tijolos da vida, foram para cá lançados por demônios. Por alguma razão, eles acham isso divertido.

RAIO

*O raio cai
ao acaso
de inopino.
Mas para o morto
pelo raio
não é acaso
é destino.*

21.
COSTELETINHA DE PORCO

Um amigo meu costumava comer umas costeletinhas de porco, fritas, crocantes, numa churrascaria chique. Que ficava lá embaixo, numa das ruas que vão dar na Estados Unidos, com seu tráfego sempre pesado. Muita ferveção naquelas bandas. Ele comparecia ali cerimonialmente, todos os almoços, tinha até uma mesa reservada, pois não doutor, por aqui doutor. Espelhos longitudinais bisotados permitiam que as pessoas se notassem, flertando discretamente, nessa Versailles iluminada e provinciana.

Um minueto de olhares e sucessos, senhores feudais prontos para o assédio de vassalos, duquesas decotadas, rapazes já não tão rapazes que ali cuidavam de seus currículos, pagando a conta com o cartão de crédito da firma. Esse meu amigo era bonito, digo isso como um homem que pode achar outro homem bonito. Italiano. E mexia com moda, as modelos se esparramavam para ele passar por cima. Os Beatles ainda não eram os Beatles. E ele, um príncipe da Renascença com óculos escuros de tartaruga, ironicamente consciente do seu jogo e do dos outros. Pôquer de um só ganhador. Todos o invejavam. Eu o invejava. E ele me invejava um pouco, sub-repticiamente, o que apaziguava a minha inveja. Se fosse mulher, ele seria a Rita Hayworth, a Gilda. Você pode imaginar a Rita morrendo? Meu amigo morreu. O que ele não sabia é que naquele restaurante, em que tinha montado seu genuflexório e onde obsequiosos garçons lhe traziam costeletinhas, sem nem precisar que fossem pedidas, tinha lá escondidos entre as fibras de carne, a cada vez, ônibus e mais ônibus cheios de parasitas, motor ligado, prontos para transferir sua carga para dentro da primeira pessoa que se arriscasse a comer tal iguaria. Privilégio dele, no caso. Esses parasitas, que se instalavam inicialmente nos intestinos, pegavam então uma escada rolante que subia direto pela coluna dorsal até chegar ao cérebro. Lá, já construindo suas edificações, passavam a se dedicar à laboriosa tarefa de esburacar as partes moles dentro da cabeça do hospedeiro. Ganhando nesse esforço levas de outros parasitas que continuavam a chegar regularmente, cada vez que ele comia novas costeletinhas, em novos almoços. No hospital, já debilitado e incongruente, recheado de invasores melequentos que se alimentavam dos encanamentos de seu sangue, de nervuras cerebrais derrubadas como árvores serradas, de cachos de neurônios tremelicantes tentando sobrevivência, foi nesse estado que os médicos então resolveram agir, competindo com os parasitas.

Quando detectavam no raio X alguma manchinha suspeita na massa encefálica do moribundo, cortavam o pedaço fora, imediatamente. Cem gramas aqui, 150 gramas ali, era como se ele fosse uma peça de mortadela. Fatiavam seu cérebro avariado com brocas, bisturis, enxadas, foices, chaves de parafuso, levando ventilação para lá dentro e com isso derretendo os mistérios do seu pensamento. E pelos espaços esburacados voavam para fora, perdendo-se em lufadas, as palavras que ele não podia mais dizer, coisas de sofrimento, do amor já esmaecido, reflexões antigas, tudo o que o tornava parte do gênero humano. Tive um alívio quando ele morreu. Mas não consigo tirar nenhuma consideração edificante dessa morte.

Fico banal, me permitindo apenas balançar a cabeça, quando penso nas circunstâncias de sua morte, concordando silenciosamente com aqueles conselhos filosóficos de Seicho-No-Ie escritos em calendários pendurados nos salões de cabeleireiro japoneses. A vida é vã, concordo, sem originalidade. Acrescento: nunca se sabe aonde uma costeletinha pode te levar.

No mercy

*Queria ser a língua
que não se deixa apanhar
a cada mordida
da tua boca cheia de dentes.
Mas você
morde, morde, morde.*

22.
VOCÊ, MAGÉRRIMA

Teus gestos, como os de um gafanhoto pousando as patas nas folhas de árvore molhada. E quando você ri? As pessoas em volta riem também, polidamente, esperando se devem seguir sorrindo ou não. Todos, o sujeito que traz jornal, o cara da padaria, o do posto de gasolina. Todos sabem que tua risada vem embrulhada numa espécie de amargura. E ficam atentos. Você tem olhinhos espevitados, de pardal pequenininho, admita. E eu sou teu servo. Namoro tua filha, um bolo de chocolate, sem chocolate. Ela se manobra num jeitinho esvoaçante e imprevisível, sem nunca dar uma pista segura do que está pensando. Mas certamente a menina deve ter cometido algum crime passível de pena máxima, sem condicional. Esquiva, ela se mimetiza continuadamente, sem chance de ser detectada, sempre transmitindo aos outros a sensação de estar em presença de uma criatura doce e divinal. Mas tem uma denúncia, uma contradição nessa maneira de ser. Junto dela estou sempre com minha bússola danificada, minha vida em pane. Nós dois, o casal de namoradinhos, passávamos quase todos os fins de tarde juntos. Quando sós, eu e tua filha ficávamos nos bolinando, afogueados. Mas eu sei, eu sei que só estou enrolado no sofá da tua casa, entre apertos e esfregações, por causa de você, minha deusa. Entre pegações úmidas, estou esperando por você. Que perfume é esse o teu? Trouxe de Paris?

Nunca fui a Paris. Mas se as mulheres de lá cheiram assim, na nuca, vou de navio, amanhã, como clandestino. Quando anoitece, você desce as escadas para ver os pombinhos no sofá, lá sentados, disfarçando. Essa é a minha hora de te adorar, perfumada criatura. E você se deixa levar, se deixa. "Querem ouvir alguma coisa?", você pergunta, conhecendo a resposta. Serve-se de *whisky*, copo alto, de cristal. Da Boêmia? Ainda que o copo fosse de geleia, para mim seria da Boêmia. Põe na vitrola o fox Who, a agulha raspa um pouco e começa a melodia que sou capaz de ouvir repetido uma noite inteira. Tocava Who numa dessas tardes tardias e começamos a dançar, você e eu, deusa. Tua filha, ali e invisível, no seu observatório astronômico particular, sempre distraidamente atenta. O que me deu licença para apertar mais você contra meu corpo, nossas coxas se esfregando em tesão. Como que fazíamos amor, minha rainha, ali de pé, agarrados, dançando lentamente, até dar dor no braço. Fazíamos amor sem penetração, minhas cuecas estavam sempre molhadas e gosmentas. E aproveitando as horas em que tua filha estava na escola, fazíamos amor de verdade. Mas ela, a Filha, também reclamava sua parte no amor. Um dia ela me disse, casualmente, olhando tímida.

"Minha amiga fez um cruzeiro ao Chile, de navio, e se apaixonou por um tenente da Marinha que servia no barco. Eles passaram todas as noites da viagem fazendo amor. E ela não deixou de ser virgem." Esperou minha reação. Do meu lado, não consegui compreender. Depois e outras vezes ela insistiu nessa história, com variações. Como a menina podia fazer amor e continuava virgem? Como? Até que um dia, nós de pé, beijando minha boca, em misturança de línguas, ela vira de costas e aperta sua bunda contra meu pau, que se encontrava queimante. Num gesto rápido cruza meus braços na frente do seu corpo, apertando minhas mãos sobre seus seios. Respiração funda, a garganta sem permitir palavras. Fiquei ali, parado, o sangue começando a fazer tum-tum dentro dos ouvidos. As nádegas dela se abriam e fechavam, chamando o macho. Levantei-lhe a saia, ela se curvou para a frente, puxando a calcinha para os joelhos. Entrei ali, naquelas estreituras que me puxavam para dentro dela, em frêmitos quentes e latejantes. E a partir dessa inauguração, não mais havia necessidade de qualquer conversa entre nós. Tudo sempre acontecia igual, no terraço de sua casa, debaixo da sombra noturna de uma árvore, no canto escuro de uma festa. Vivia esgotado, montando cavalinho, entrando e saindo daquele cu sempre voraz, que me demandava sempre e cada vez mais. Mas você percebeu tudo, não foi, deusa? Eu estava te traindo, com tua própria filha. Então você arranjou um pretexto, brigou comigo por nada, explodiu em queixas e vituperações. Eu, o que fiz? Me vinguei, contando para a coitadinha da menina sobre o nosso romance secreto, até então só meu e teu. Desculpa, foi desespero. Nem sei que reação eu esperava de você. Uma tragédia grega, olhos arrancados? Um histriônico drama italiano, pratos atirados na parede? Uma história passional n'*O Dia*? Manchetes escabrosas para o populacho comentar em escândalo? Talvez. No fundo, talvez eu quisesse mesmo ver vocês duas, uma algemada no pulso da outra, faca nas mãos, se retalhando mutuamente, num açougue desenfreado de veias espirrando e vísceras expostas. Mas foi a menina quem decidiu nosso dilema. Entre continuar gozando por trás e assumir a decisão de abandonar nossa doce rotina com arroubos disruptivos, ela optou por ignorar o assunto, ficar quieta. Cada vez mais acesa, mais louca, desbragada. Só que acabei por me desinteressar da menina, comecei a sentir cheiros de esgoto, ela já não fazia mais parte de você, doçura, você se afastou para um fundo infinito, um oito deitado, para sempre. Daí que também fui embora, deixando vocês duas para o passado. A menina, agora não tão menina, vi outro dia andando distraída, pelo Viaduto do Chá. Gentes apressadas, feias. Observei o corpo dela por trás, aqueles quadris que havia agarrado com tanta força, a bunda que tinha frequentado tantas vezes, em sofreguidão. Custei um pouco em reconhecer a antiga namoradinha. Não me causou nenhum estremeção. Era só uma alguém no meio de tantos alguéns. Mas quando me lembro de você, deusa-mãe, teu perfume me invade, minha boca se enche de água-doce e uma ereção tranquila cresce em mim. Na antecipação do impossível.

JOGOS

Faço-te hesitar.
Dentro da tua cabeça
manobro-te em cuidados
para que só possas sentir
o amor que tens por mim.
Sabendo-me em ti
finjo ser o que queres
que eu seja.
Engano-te?
Ou és tu que queres assim
pois sabes que estás em mim
fazendo-me crer
que sei mais de ti
do que tu de mim?

23.
A MÃE DA MINHA ANTIGA NAMORADA

Tinham-se passado alguns anos. Elas vinham caminhando, elegantíssimas, caríssimas, perto do Teatro Municipal, a mãe e a sua filha, minha antiga namoradinha. Bem naquele momento, passávamos ali, coincidência, eu e a minha mulher. "Oi, oi, como vai... então essa é a pessoa com quem você se casou... parabéns, teve gosto!", exclamou minha quase sogra.

Olhares depreciativos. Minhas respostas saíam automáticas, sentia um ar zombeteiro escondido nas gentilezas forçadas. Enquanto pensava no próximo gesto, fiz as apresentações.

A mão da senhora foi jogada para a frente com os dedos moles, podia sentir que estavam frios, desinteressados. Uma obrigação. Minha mulher sorria, desesperada. Se eu pudesse, pelo menos, abrir a bolsa e tirar lá de dentro o *curriculum vitae* dessa minha mulher, para tornar as coisas mais apresentáveis. Daí eu leria para as duas que ela era a primeira aluna da sua classe, na Faculdade. Sabia tudo de literatura, cinema, havia passado pela experiência de ser atriz. Estávamos apaixonados e vivíamos meio ao deus-dará, escola, casa, trabalho e pouca grana. Roupinha sem graça a da minha mulher – mas, Deus, como era linda! Estávamos tentando um começo de vida.

No meio do papagaiar de coisas ditas para depois não serem lembradas, surgiam pequenos silêncios, fissuras que só ampliavam o nada que existia entre nós. Éramos agora inimigos cordiais; quando nos despedíssemos, eu contaria quem eram aquelas duas, pode deixar.

Mas minha mulher não era *expert* na arte marcial de desvalorizar socialmente o outro, com um simples olhar. Só grã-finos autênticos têm esse poder. Minha mulher estava sob uma barragem de sorrisos condescendentes. Nenhuma hostilidade óbvia, mas o terreno estava minado, como no Vietnã. Esse conhecimento letal é uma espécie de veneno, que nem o do dragão da ilha de Komodo, na Indonésia. Basta apenas que o dragão arranhe um animal e sua vítima morrerá de mil infecções, dias depois.

O dragão segue andando desajeitado, se balançando pela trilha do animal envenenado, auscultando moléculas de cheiro, abanando a língua gosmenta para lá e para cá. E quando finalmente chega ao moribundo, arranca-lhe pedaços de carne com sua boca de crocodilo. Dentes amarelos e pontudos saem das bocarras, arrancando pedaços de corpo com o sacudir do pescoço, puxando as partes para serem estraçalhadas.

Eu sabia o que havia debaixo daquele há-há-há. Os dragões estavam em ação. Cristo foi traído por todos os seus discípulos, e não só por Judas. E eu estava traindo minha mulher, sem coragem de arrancá-la daqueles dois predadores.

Me alinhei despudoradamente com os dragões, ri exageradamente de observações tolas, fingi de espirituoso, não queria ficar ali me sentindo pobre, com roupas impróprias, sem perfumes franceses e carros hidramáticos.

Minha ex-namorada mantinha o mesmo sorriso empedrado, fixo. Quando as duas foram embora, "tchau, tchau, liga", entrando em seu carro vermelho, Studebaker, não consegui olhar nos olhos de minha mulher. Filho da puta, canalha, traidor.

Fomos andando sem encostar um no outro até chegar à Conselheiro Crispiniano. Vi uma roupa bonita, na vitrine estreita de uma loja com só uma porta, parecia baratinha. Será que ela não queria, talvez, experimentar? Tinham me prometido um aumento, naquele mês. Prova o *tailleur*, dá só uma olhadinha! De cabeça baixa, ela se negava reiteradas vezes. Suspirei, desanimado. Começava a chover, caíam os primeiros pingos grossos. Pegar um táxi ficava caro. Andar na chuva seria estragar os sapatos. Convidei-a para tomar um café num bar que estava logo ali e nos arranjamos no balcão apertado, cheio de gente molhada, fechando em silêncio os seus guarda-chuvas. Café bom, quentinho, queimei a língua. Sorrimos, de novo cúmplices. Parecia que a vida se aquecia dentro de nós, outra vez.

DOIS TRILHOS

*Os dois trilhos correm
um ao outro grudados.
Nem se distinguem
de tal forma ligados
que nenhuma separação
neles se consegue ver.
Se acham um só trilho
mas eles se sabem dois.
Até quando ficarão ajuntados?
Seguissem sempre reto
iriam de novo se reencontrar.
Mas com medo dessa paixão
algum dia terminar
decidem desde já se antecipar.
E começam as marretadas
silvos, suspiros, ouvidos moucos
chamas de acetileno
barulhos loucos.
Os dois já despedaçados
vão tortos, se esticando
cada um numa direção, titubeando.
Nunca mais vão se encontrar?
Vão, não vão, não vão, vão.
Quando eles já estiverem
em ferro-velho transformados
perdidos com o tempo perdido
se perguntarão desalentados
...e se o suicídio do amor
não tivesse acontecido
antecipando a sua morte?
...e se juntos tivessem ficado
como teria sido a sua sorte?
No círculo completo
do mundo redondo a transladar.*

24.
MARILIN, COM I

Lembro-me dela desta maneira: era uma tarde cheia de sol e a Marilin havia convidado alguns de nós, da classe do colégio, para passar o domingo no sítio do pai. Tinha um lindo lago rebrilhante, espraiado até bem longe. Eu via Marilin tão superior a mim, mas tão superior, que, se eu subisse numa escada Magirus, mesmo assim não chegaria perto dos calcanhares dela. Que classe, que porte. E que bosta, eu. Cabelos lisos os dela, esguia, olhos semicerrados, distante-perto, Marilin definitivamente não era para o meu bico. Mas cá estava eu num bote, só eu e ela. Desajeitado, eu tentava fazer o bote sair do lugar. Mas os remos roliços fugiam de minhas mãos sem prática. Eu insistia, vermelho de esforço e humilhação, tentando controlar o incerto movimento do barco. Marilin, serena, sentada à minha frente.

Eu forcejava e forcejava, já tinha conseguido deslizar alguns metros. Levantei os olhos. E vi a Marilin como que distraída, as pernas entreabertas. Arrepanhada, a saia deixava ver no fundo de suas coxas nuas, um triângulo preto lá dentro. Sem calcinha. Não podia acreditar. Reolhei, disfarçando, para me certificar. Ela continuava igualmente pornográfica, agora ainda mais ajeitada no banquinho.

As pernas ostensivamente abertas, séria, atrás daqueles olhos que pareciam sempre zombeteiros. Quantos anos eu devia ter? Dezesseis, dezessete? Voltamos à borda do lago, onde desembarquei, pulando do bote, molhando as pernas das calças, embaraçado. E fugi correndo dali, me escondendo dentro do ônibus de excursão que nos esperava. Apesar de que a lembrança daquela cena me serviria para longas e conturbadas sessões de masturbação. Bem, anos depois, reencontrei Marilin. Tinha sabido que ela havia casado, o sujeito era muito rico e produtor de cinema. Então, eu já não mais tão ingênuo, traímos juntos o ricaço. As pernas dela eram ainda as mesmas e o triângulo, agora mais depilado, estava no mesmo lugar. Mas minha expectativa estava gorada. Fiz um amor meio de desespero, como se alguém me estivesse segurando para dar uma injeção. Eu não precisava daquilo, não era mais um coleguinha dela, do Liceu. Dane-se. E depois joguei fora o seu número de telefone. Fugi. Pela segunda vez. Tempos depois, um amigo, sabendo que eu estava duro, me deu uma dica: estavam contratando extras para um filme da Atlântida, o diretor era um cineasta famoso, muito citado nos Cadernos de Cultura aqui da província. Um cara que se chamava Cavalcanti, acho. Me apresentei para a seleção. Um rapaz gentil, meio mulato, baiano e magrinho, era quem escolhia os candidatos e acho que se interessou por mim. Dia seguinte, lá fui para o tal estúdio. Coincidência infernal: o produtor do filme era o marido, o próprio, da Marilin. Ele ficava sempre ao lado do diretor, que falava português com um forte sotaque francês. Pederasta, vi de cara. Em francês, *pe-dê*. Rodaram algumas cenas e ficou noite. Eu não tinha nem dinheiro para a condução e, além disso, não passava ônibus por ali. O tal mulato fino me convidou, será que eu não me incomodaria em dormir na casa do diretor? Claro, lógico, obrigado. Lá, em vez de jantar, serviram pão preto integral, queijos e vinho. Mais caldo de aveia, sem sal. Nada de arroz, feijão, ovo frito e romeu e julieta como sobremesa, comida de pensão a que eu estava acostumado. Fingi familiaridade com aquele menu moderno. Conversaram muito, interminavelmente, naquela noite. Eu, discreto e querendo impressionar bem, só balançava aprovativamente a cabeça, concordando. De vez em quando sentia pousar em mim o olhar luxurioso do diretor, a velha bichona franco-brasileira. Findo o repasto e o sarau cultural, cada um foi para sua cama. Me sobrou um sofá, na sala. O mulato me perguntou, jeitoso, se não podia dormir junto comigo, repartindo aquele assento estreito. Deixei. E ele pediu também, delicadamente, se podia me bater uma punheta. Eu negociei: tá bem, mas quero aquela camisa preta que você usou ontem, meu objeto de desejo. Ele trouxe, já com o fôlego entrecortado, a tal camisa, meio amassada. Eu fiquei muito feliz. O rapaz me bateu a solicitada punheta e depois quis me chupar. Não,

não. Eu já tinha uma camisa preta, para que iria precisar de duas? Dia seguinte, filmando, o diretor que já flertava comigo se decidiu a mudar o roteiro: eu deveria fazer o personagem de um bêbado, que dava vexame numa festa. Mas bastava ligar a câmara, ação! Brrrrrrrrrr e eu... emudecia. Outra vez, corta! De novo, ação! A câmara fazia brrrrrrrrrrrr e eu... nada, balbuciante. Brrrrrrrrrrr... corta! Tirem esse imbecil daqui!!!

Saí, cabisbaixo, e fui à cantina buscar o sanduíche de mortadela a que tínhamos direito, nós, os extras, junto com café frio. E meu cachê. Senti que o marido da Marilin me olhava de longe, suspeitosamente, com atenção excessiva. Fiquei até com medo que ele soubesse. Será que ela lhe tinha contado nosso caso?

Naquele dia, aprendi que outra profissão, a de ator, se havia ido pelo esgoto. Não mais um jovem brasileiro iria para Hollywood para pioneiramente imprimir as mãos no cimento mole do Hall of Fame. O incrível é que aproveitaram minha cena no filme, era uma chanchada o que tinham filmado. Diretor afetado, babaca. O filme passou na cidadezinha de minha mãe, no Paraná, ela soube (como?) que eu havia trabalhado (eu?) naquele maldito filme. Convidou todas as amigas e lotaram o cineminha. Quando eu apareci, se levantaram e aplaudiram o bêbado com voz pastosa que engrolava algo ininteligível e sumia do filme, para todo o sempre. A Marilin, nessa época, andava sumida. O tempo rolou, acabei por fazer sucesso profissional. Um dia minha secretária anuncia que ela estava na minha sala de espera, ela podia entrar, por favor? Claro, manda entrar, olá, como vai, quantos anos, hein? Você está ótima, você está ótimo. Não, ela não está ótima, menti por pura pena. Marilin havia se transformado numa senhora de feira, só faltava o carrinho de metal com rodinhas para ela ficar puxando. Sobravam dela os olhos semicerrados da mocinha que me havia iniciado nas lides do sexo. O que aquela senhora queria agora era me vender uma Enciclopédia Britânica. Falou do divórcio, da falência do marido, de como ele havia se viciado em drogas, dos quatro filhos que eles tinham feito juntos. Ela sentada à minha frente. Fiz um esforço para minha memória extrair do arquivo aquela foto dela no barquinho, com as pernas abertas. Tentei fazer uma superposição, mas nada combinava. Quem era essa porra de velha que tentava me empurrar uma enciclopédia? Acordei do transe modorrento em que tinha mergulhado para fugir da conversa banal a que ela me submetia. Levantei num pulo, súbito e abri a porta da sala, pedindo para minha secretária preparar um cheque. Vá embora, vá embora, rapidinho, *pelamordedeus*, vá embora. Desculpe, preciso sair, até logo. Até nunca mais! Mas ela não sumiu. Eu ainda a encontrei mais uma última vez.

Marilin desta vez havia emagrecido como alguém na última fase da Aids. Milhões de rugas tornavam sua cara falsamente séria, bochechas cavernosas. Os olhos é que me causaram a impressão maior. Tinham ficado aquosos, como que liquefeitos, se você puxasse as pálpebras de um morto na geladeira do IML, encontraria olhos assim. Ela ainda tentou um charme, falou alguma coisa de que não me lembro e falhou, desanimada. Permaneci quieto, me imaginando a jogar flores sobre o seu corpo assexuado. Meses depois alguém comentou que ela tinha desaparecido para valer. Vai ver que mudou de cidade. Ou será que morreu? Marilin, com i, vou agora te fazer um pedido, respeitosamente: quando você reencarnar, por favor, não se lembre de mim na hora de escolher onde vai nascer, neste *samsara* que temos repetido. Pois pode dar azar e daí nós dois corremos o perigo de nos reencontrar de novo em outra vida, precisando então cumprir, outra vez, nosso destino tão fracassado. *Bad karma.*

PALAVRAS

*Mais pelo jeito
das coisas
do que pelas coisas ditas
eu deveria viver.
Desconfiando das palavras
mas sabendo
o quanto delas dependo
para fazer o sim e o não.
E também dizer
o que escondo dizer.
Calar e esperar
é o que eu deveria fazer.
As palavras criam desígnios
sons que viram abismos.
Mas me arrisco
e não calo
pois só assim
consigo me entender
me desentender
e suportar viver.
Só o que eu tenho
são minhas palavras.
Fazer delas o quê?
Sem elas, o quê?*

25.
SER REPÓRTER

No jornal, a redação ocupava o primeiro andar. No porão, as máquinas impressoras, o chumbo dos linotipos, cheiro de óleo lubrificante e tinta gráfica, o barulho das rotativas. Homens de bonezinho com aba de plástico transparente eram os reis no porão das rotativas. Repórter podia descer ali, mas muito eventualmente. Para encurtar um título, dar força numa manchete, acrescentar uma notícia de última hora. E só. Minha obrigação como repórter foca era ir a eventos sociais, como coquetéis, inaugurações e coisas do tipo, que os repórteres veteranos detestavam. Ia comigo um fotógrafo negão, com uma Rolleiflex e seis filmes Kodak. Uma vez batidas as fotos dos figurões e anotados os nomes dos ditos cujos, sobrava tempo para atacar os canapés. Sabedores disso, os garçons nos evitavam escrupulosamente. Proletário odeia proletário. Se serviam *champagne*, por exemplo, davam grandes voltas no salão para não trombar com nossa voracidade. Mas sempre sobrava alguma coxinha recheada com pedacinhos de frango, uma Coca-Cola. Senão, água mesmo, paciência. Quando um acepipe sofisticado passeava distraído, equilibrado numa bandeja de prata, eu me servia celeremente dele. E embrulhava algum num guardanapo de papel, botava no bolso, disfarçando. Era um troféu de guerra, que levava para minha mulher. Eu redigia as legendas das fotos tiradas. Quase sempre escrevia o texto dentro de um formato fixo, bastava mudar os nomes. Voltávamos, animados, à redação iluminada. Lá, trabalhavam os gênios, que tinham colunas fixas, publicadas com seus nomes e sobrenomes. Mário Dias da Costa Bernardino Tavares Albuquerque. Nomes grandiloquentes, quatrocentões.

Essa casta superior nem olhava para nós, os despossuídos. Na Índia, pertenceríamos à casta dos intocáveis. Mas, enjoado de escrever vinhetas desimaginosas, comecei a inovar. Dava uma floreada aqui, inventava um incidente ali, criava um fato. O Secretário da Redação, com o apelido de Cozinheiro, me analisava desconfiado atrás de seu bigode.

E resolveu me dar uma chance. Agora eu seria repórter de verdade, chega de eventos sociais, que eu estava até engordando de tanto comer merda.

Tinha uma enchente? Lá ia eu com meu fotógrafo para falar com os enchidos, escutar histórias de bombeiros. Estava ótimo. Numa dessas vezes, com o Tamanduateí transbordado fora de suas margens, fui conversar, compungido, com um comerciante árabe que tinha perdido muita mercadoria em sua loja, resultado do aguaceiro. E ele, filosófico, me confiou que as enchentes tinham o seu lado positivo, pois os comerciantes sempre podiam alegar ao Fisco que seus arquivos de contabilidade haviam sido engolidos pelas águas. Escrevi uma matéria sobre esse golpe esperto no Imposto de Renda. O Cozinheiro nem considerou olhar o que eu havia escrito. A zona do Mercado era importante para o jornal, negócios vários aconteciam por lá, eu estava mexendo com gente grande, a laia dos fiscais, o mundo escondido da corrupção e do Caixa 2. Resolvi então tentar outra entrevista pessoal, menos polêmica. Fui procurar um antigo professor de geografia, tido por alunos do meu antigo colégio como um louco ainda fora do hospício. Me recebeu em sua casa, circunspecto, eu estranhando por não vê-lo na sala de aula, seu *habitat* natural. Ele então me explicou, didático, e eu me sentindo um aluno anotador, como a terra estava no limite da sobrevivência. Certo.

Falou do aquecimento das calotas polares. Certo. Fez uma longa exposição de como as cidades ribeirinhas se afogariam debaixo de tsunamis com vinte andares de altura. Rio, Nova York. Opa, será? Comecei a concordar com meus colegas, mas segui escrevinhando. Até que chegou o momento culminante, ele queria fazer uma revelação. Levantou-se do sofá, tomou fôlego e abriu a boca em estado de cambono de tenda espírita. Equilibrou um maço de cigarros nas costas da mão levantada em movimento e disse, os lábios tremendo: "Milhares de anos atrás, os egípcios já sabiam, os atlantes sabiam. Os discos voadores trouxeram a verdade em suas naves. Naqueles antigos tempos, barcas voavam nos céus com a velocidade da luz." E mostrou a sua própria mão voando como um avião no espaço. "Lá dentro das naves, o equilíbrio era perfeito, assim, ó!!!" O maço de cigarros parecia grudado com cola-tudo no dorso de sua mão, perfeitamente estável enquanto mergulhava por espaços siderais. Ficou lívido, em transe. A entrevista havia terminado. Será que o Cozinheiro ia entrar nessa? Voltei à redação, escrevi, escrevi. Na hora justa de fechar o jornal, entreguei a matéria. O Cozinheiro pôs os óculos de aros de metal em cima do nariz, leu com vagar, mexendo os lábios. Assentiu com a cabeça e mandou a matéria para baixo, direto para a diagramação. Dia seguinte, título bombástico: a terra vai virar mar. Ou algo assim, não sei por certo. Minha matéria estava lá, completa. Com meu nome, em maiúsculas. Levei o jornal para casa, queria mostrar depressa à minha mulher.

Dispensei até a batida de cachaça com tamarindo acompanhada de um sanduichinho de sardinha encharcada em óleo, pimenta e cebola que o Cozinheiro pagava para nós, quando estava bem-humorado. Chegara a hora da Vitória, depois do dia D. Semanas depois, estava desempregado. Corte de pessoal, motivo de custos. Mas o negão fotógrafo, gordo e lustroso, cronista de bares e *boîtes*, que tinha sua coluna de ronda noturna – naturalmente arrecadando algum em troca de fotos e comentários elogiosos das comidas, bebidas e shows – permaneceu no jornal. Ele foi muito bacana comigo e, para me consolar do desemprego, me convidou para tomar um *whisky* numa daquelas *boîtes* caras que eu só conhecia do lado de fora. Com o Porteiro olhando feio, na porta. Tinha um cartaz na porta da casa noturna anunciando a Elizeth Cardoso. Aquela que cantava "Saudade, torrente de paixão, emoção diferente...". Minha adorada Elizeth Cardoso, eu roubaria um trem pagador só para ouvir você cantar ao vivo, naquele jeito trágico de dizer a letra da canção com sotaque carioca. "Deixxxaste meu cooooração vazio, deixxxxaste a saudade..." Enfim, conseguimos passar pelo Porteiro, proeza que eu nunca teria conseguido sozinho. O negão abraçou o *maître*, fez festa para os garçons – ficamos de pé, no balcão do bar e eu provei *whisky*, pela primeira vez na vida. Mas aquela não era a noite da Elizeth cantar. Azar.

De qualquer maneira, me encantei com as belas mulheres, os vestidos tubinho, o conjunto tropical de rapazes de bigodinho e cabelo besuntado, que tocava boleros ao som de bongôs e marimbas, à la Xavier Cugat com seu cachorrinho *chihuahua*.

Coqueiros de crepom colorido, pista dançante iluminada por baixo, biquinha de água imitando fonte, ambiente igual como nos filmes da Metro. Lugar mágico de que eu nunca faria parte. Ou faria? O amigo negão me perguntou: "Vamos esticar até o Avenida Danças?".Conferi meus trocados. Nem para isso a minha grana dava. E eu não iria lá só para ver os outros se divertirem com as meninas profissionais. Respondi: "Obrigado meu velho, a patroa está me esperando." O cara compreendeu perfeitamente e foi-se embora, andando devagar, tchau, tchau. Tchau. Fui para casa, direto, para um prato de sopa quente e ouvir um velho disco da Elizeth na vitrola.

SEMENTEIRA

Me culpe pelo tempo perdido.
E eu concordo.
Me odeie pelas coisas feitas
e pelas desfeitas.
E eu concordo.
Diga que meus defeitos
eram sementes ruins
dentro de mim, dormentes.
E eu concordo.
Diga que você esperava rosas
quando regou o meu jardim
mas só cresceram urtigas
para machucar sem fim.
E eu concordo.
Mas, pergunto – inocente –
será que eram minhas
as sementes envenenadas
ou foi tua água que trouxe
ervas daninhas indesejadas?

26.
BOLO DE ANIVERSÁRIO

Sempre achei que bolo de aniversário devia ser comido sozinho pelo aniversariante. O assoprão nas velas significaria "esse bolo é meu, e não estou disposto a dividi-lo com ninguém".

E a partir desse momento, as visitas deveriam ser mandadas embora, deixando, porém, os seus presentes. Eu pensava justamente isso enquanto cortava as fatias daquele bolo de biscoitos *champagne* com creme, chocolate e vinho do porto, o meu preferido. Interiormente desejava que alguém dissesse, "não obrigado", só para sobrar mais. E a sensação de ser espoliado do meu bolo só fazia crescer meu egoísmo, me obrigando a separar para os convidados fatias cada vez mais fininhas.

Um sofrimento. Que idade eu tinha, na época em que pensava assim? Trinta e tantos anos, não me lembro bem. Depois da festa de aniversário, tinha planejado pedir uma certa moça em casamento. Eu era casado, a festa estava acontecendo na minha casa. Canalhice. Minha mulher, na cozinha, arrumava as coisas do meu aniversário. Brigitte, a moça por quem eu estava apaixonado e que se divertia muito na festa, também era casada. Mas parecia que nenhum obstáculo seria significativo. Terminado o parabéns a você, esvaziados os copos de papelão com restos de guaraná e cigarros apagados dentro, me ofereci levá-la para casa, cavalheirescamente. Outros disseram, deixa que eu levo, eu levo, pode deixar que fica no meu caminho – mas fui eu que a levei.

Era noite, já. Ela, no carro, ia rindo sem razão, produzindo uns barulhinhos engraçados que, por sua vez, me faziam também rir. Duas crianças.

Eu tinha, naquele momento, quentinho na barriga, meu bolo de creme. E ao meu lado, a mulher com quem iria me casar. Felicidade é isso.

Passamos rodando de carro por uns bares, casas de chá, restaurantes. Mas nenhum lugar parecia apropriado para o pedido que eu lhe ia fazer.

Resolvi estacionar numa rua meio deserta, que eu arriscaria até chamar de romântica. Olhei bem para ela, à luz de um poste acentuando um quadro impressionista, seu rosto que era meu, meu, meu. Deus havia destituído de beleza umas 450 mil mulheres só para produzir uma única Brigitte, que concentrava tudo o que podia encantar numa só mulher.

Dizer loura de cabelos anelados, olhos verdes, cheirosa, mignon, peitinhos duros, pernas longas e uma irresistível vontade de fazer xixi nas horas mais impróprias, seria pouco. Dizer mais?

A paixão pode ser definida? Definir beleza pode se limitar a um menu de características puramente morfológicas?

Eu estava ali, voltado para ela, na semiobscuridade de dentro do carro, incrivelmente atraído e incrivelmente paralisado, tinha chegado a hora. "Brigitte, seguinte: vamos casar?" Nossa. Cadê minha eloquência, da qual me orgulhava?! Eu falei e nem me mexi. Que frase mais boba!

Mas como eu já havia feito o pedido daquele jeito, melhor me abster de novas tentativas. Fiquei ali inundado pelo oceano verde dos seus olhos, aguardava o sim que sacramentaria a minha Nova Vida, cheia de Prazeres, Luz e Felicidade Eterna.

A pausa dela não estava no meu roteiro. É agora, ela está juntando energia para pular nos meus braços, por cima do câmbio e do volante, me abraçar, apertando a buzina sem querer e me beijar. Dessa maneira, eu não precisaria de um "sim" formal, dito em palavra. O abraço seria bastante. Seus lábios começaram a se mover e eu me perdi em sua mímica, as palavras parece que se recusavam a entrar em meus ouvidos. "Meu amor..." Outra pausa, ahhhh, fala logo, fala logo Brigitte. "Meu amor, você tem uma ótima esposa." Deus, o que ela estava falando? Esposa? A minha?

"E eu tenho um filho, meu marido não me enche, é boa pessoa, bom pai... Eu não custo nada para você, já temos nossas casas, coisas... para que casar? Vamos continuar assim, namorando, não tá bom? Eu te amo, querido!"

E ficou me olhando, sem piscar. Um corredor comprido tinha se esvaziado dentro de mim e ela estava lá no fundo, dizendo que não queria casar comigo. Lembro-me de ter tateado pela chave, de ter dado a partida, de ter dirigido o carro, de tê-la deixado em casa, sem palavra. Lembro de ter voltado para casa, naquele aniversário maldito em que tinha sido presenteado com um fora. Um fora. Se eu gostasse de beber, esvaziaria um tonel. Se gostasse de cocaína, cheiraria um quilo. Se eu gostasse de mim mesmo, teria entendido que ela tinha razão. Maldita vaidade, maldita arrogância, que me jogava sempre para o lado errado. Em casa, tirei a camisa suada e tinha cheiro dela, ali. Tudo recendia a Brigitte. Eu jogara no pleno e a roleta tinha me traído. Perambulei pela sala, guardanapos de papel no chão, com batom, garrafas de guaraná bebidas pela metade, pratos sujos, brigadeiros grudados no chão. A empregada batalhava aquela sujeira toda.

Me aproximei da mesa, ainda cheia de travessas. Lá estava meu bolo, agora derrocado, uns pedaços soltos, o creme desbordado.

Suspirei fundo, até sair o último centavo de ar de dentro de mim. Peguei uma faca e transferi quase todo o resto do bolo para dentro de um prato de papelão prateado jogado ali, usado, tanto faz. Comi com a mão, melecando os dedos. Um pedaço, outro, mais outro, outro. Peguei logo tudo e fui até o finzinho, sem remorsos. Sujei a boca e o nariz com creme e chocolate. E lambi sôfrego o fundo da travessa. Brigitte, Brigitte, minha doçura. A única coisa que parecia realmente doce em minha vida tinha se tornado amarga.

> *Esqueci*
> *que já tinha esquecido*
> *quanto amor*
> *tive por você.*
> *E agora*
> *que relembro*
> *vou ter*
> *que esquecer*
> *tudo de novo*
> *outra vez.*

27.
ESTA RUA NÃO É MAIS TUA, QUERIDA

Hoje, os empregados dos escritórios, dos bares e lojas, os médicos barrigudinhos de sapatos brancos e com os dedos manchados de nicotina, os taxistas conversando junto dos seus carros, *office boys* falando alto – todos esses que eram da tua rua – foram engolidos, como se tivessem passado cinquenta anos, aqui. E você foi com eles. Morreram todos, agora que não passo mais por aquela rua. Tenho que recomeçar escolhendo uma nova rua, com as calçadas que ainda não conheço, novas árvores. Novas pessoas, para cumprimentar, muito prazer. Novos postes onde ainda eu não tenha mijado para marcar meu pequeno território. Calçadas com rachaduras que logo se tornarão familiares, amigas. Me lembro de você, gritando comigo: "Eu te odeio! Fica com tua mulher, fica! Mas quero ver daqui a cinco anos!!! cinco anos!!!". Acho que você me queria morto, nessa data futura. Que poderosa é uma praga. Já se foram alguns anos. Por tua matemática, devo durar só mais um pouquinho, esgotei meu crédito. Acordo de madrugada pensando nisso e faço balanços de vida. Checo: dentes? OK. Sistema gastrointestinal? OK.

Memória? Mais ou menos. Fígado? Não sei. Pau? Menos que mais. Uma isquemia galopante? O que é isquemia, aliás? E se eu jogasse uma praga de volta? Ficaríamos, pois, nós dois a buscar instrumentos para fazer o outro sofrer. Já inventaram máquinas de tortura em demasia, que podem transformar o corpo num urro de dor. Tem tormentos que não me saem da cabeça. Vi um documentário que mostrava prisioneiros norte-vietnamitas que haviam sido acorrentados em cavernas batidas pelo mar, cavernas baixas que obrigavam os infelizes a permanecerem curvados, nem podendo sentar nem se aprumar. Conforme o movimento da maré montante, eles ficavam se afogando, mordiscados por peixes beliscantes, aranhas-do-mar, caranguejos. Terminada a guerra, esses coitados ainda podiam ser vistos curvados pelas ruas de Saigon, arrastando-se com duas bengalas, a coluna liquefeita, os olhos sem ver o céu, só o chão. Rogar praga para você? Que você vire uma velha vietnamita? Reciprocidade no desejar o mal? Já estamos agachados, punidos pelas ondas de frustração que nos fustigam por perder um ao outro, no destino do amor não completado.

Reparou que no fim de um brinde, com gente nova, erguendo a taça para desejar alguma coisa boa, dispara-se sempre o relâmpago de alguma lembrança? O cérebro fica eletrizado e manda um arrepio para o corpo, que decide não obedecer, decidido que está a viver uma nova vida, sem os tremores do passado. Mas no instante depois do arrepio, nada mais fica igual ao momento anterior. Alguma coisa muda. Pode chamar isso de um suspiro secreto, um amargor, melancolia, talvez o sentimento de que você podia estar comigo, naquele momento, em outro lugar. Ressaca. Você sente que perdeu algo, bate um desassossego de alma. "Mais um pouco de vinho?", um homem te pergunta inquisitivo, olhando bem de perto. Ligada de novo nos controles você levanta os olhos e faz a mímica da feliz, sorrindo: "Só um pouco, obrigada."

DECADÊNCIA

*Antes
eu falava
palavras justas
para cérebros
balbuciantes.
Agora
balbuciante
espero
quem me fale.*

28.
UM DESSES DIAS

Me apareceu lá na agência um velho publicitário que sempre teve sua carreira correndo paralela à minha. Nunca desgostei dele. Portanto, tive considerações e gentilezas inusuais com a figura, quando ele me veio visitar. Mas a verdade é que esse personagem não fazia ressoar minha afetividade. Ele aguardava na sala de espera. O que ele queria de mim?
　Ensaiei meu sorriso e fui recebê-lo. O homem era altíssimo. Na próxima vez eu subiria numa cadeira, para cumprimentá-lo. Me abraçou forte, achei estranho porque não éramos assim tão íntimos e tive minha cabeça apertada convulsivamente contra seus mamilos, debaixo da camisa. Embaraçoso. Cheiro de loção pós-barba Bozzano, safra de 1942. Sentamo-nos, eu atrás da escrivaninha, ele na frente. O homem tinha sido, até poucos meses atrás, importantíssimo na profissão publicitária. Era um "medalhão", sempre frequentando a mesa de honra dos auditórios, saudando palestrantes ilustres. Sempre batendo as palmas convencionais, sempre sorridente. Lembrei-me desses créditos dele e me mudei para uma poltrona mais próxima, dei a volta na escrivaninha,

significando familiaridade. Outro gesto de consideração. "E aí, tudo bem? Quanto tempo, soube que você aposentou. Bom, hein? Está fazendo o quê? Você está me matando de inveja com toda essa folga...". Pequenas hipocrisias. Notei que seu olho esquerdo estava mais desviado do que nunca, indo na direção do teto – jamais lhe havia perguntado nada sobre isso. Já o outro olho, azul-aquoso, não perdia o foco, enquadrando minha fisionomia e me escaneando todo, sem disfarçar. Pedi um café, começava a me sentir mal, o homem não se abria. Insisti, mantendo a ilusão de interesse: "Que você vai fazer agora que virou ex-publicitário?". Me arrependi da frase. Ex? Eu já o havia colocado rasteiro no chão, logo nas minhas primeiras frases. Que falta de tato! Ele não acusou o golpe e se socorreu de uma pasta de couro, que abriu, resoluto. Dentes de dentista caro. Desdobrou um canudo grosso, tirado lá de dentro. Olhei, sem entender, era um calendário. Calendário? "Meu velho amigo, agora, vou entrar no ramo das artes gráficas", afirmou com um gesto que queria ser engraçado, mas que não escondeu desconforto.

 Ele me trazia sua obra-prima. Um projeto de calendário. Fotos comuns, obtidas em arquivos de banco de fotos. Tipografia inconvencional, modernosa. Então era aquilo, o homem queria que eu lhe encomendasse calendários, agendas, sei lá eu, ele havia conseguido esse tipo de função em alguma gráfica. O homem, que tinha sido Rei, agora esfregava o rosto no chão de empresas gráficas que antes cortejavam suas duas secretárias para conseguir com ele uma entrevista de quinze minutos. E que ele, depois de terminados esses encontros comerciais, enfatizava paternalmente: "Foi um prazer vê-lo. Agora desça, por favor, para conversar com nosso produtor gráfico. É no quarto andar. Vou recomendá-lo." Homem formal, galante, decente. Não lembro o resto de nosso encontro.

 Estava abestalhado. O homem podia ter vindo para revelar o meu futuro.

Fiquei rendido, me vi nele. Soube que ele morreu, poucos meses depois. Todos da profissão foram em peso ao seu enterro. Eu não fui. Naquele dia eu já tinha visto o homem morrer na minha frente e assistido à sua missa de sétimo dia, até antes do cafezinho. Lembro dele ter me abraçado de novo, na saída. Desta vez eu estava prevenido e o mantive, cortesmente, à distância regulamentar.

Seu ar era cansado, mas não lhe faltava sensibilidade. A idade pesava. Ele apenas havia decidido resistir, nadando contra a maré. Nessa altura da vida, provavelmente não lhe interessava mais brigar pelas glórias da carreira. Era um relutante aposentado, repetindo seu papel por puro hábito. Teria ainda algum amor? Parecia que só lhe sobrava o enfado, acho que estava habituado a desempenhar mecanicamente a mesma coisa, pavlovianamente, ano após ano. E agora não podia abandonar a rotina, mesmo sem as antigas dignificações rituais que o haviam ajudado a enfrentar o tédio, a passagem do tempo, o plano inclinado. A depressão, enfim. Fez bem em morrer. Ainda impressionado, conversei muito com o meu amigo Coutinho sobre aquele patético encontro. E dramatizava: "Tá vendo? No fim, sobra só continuar buscando poder, dinheiro. E seguir adiante, jamais se entregar." O Coutinho limitou-se a calar.

Distraído com a grandiloquência de minha própria voz, não percebi uma mudança em seu ânimo.

Continuei tagarelando. "A gente precisa ter coragem de continuar tentando, seja o que for. Não dá é ficar se repetindo, sem audácia. Eu não quero ficar ligado nem em grana, nem virar prisioneiro de todas as mulheres do mundo. Quero ter direito a opções mais criativas."

Fala imponente, ressonante. Quando reparei, o Coutinho tinha baixado a cabeça, reflexivo. Quais eram as opções dele, que tinha um câncer mastigando a sua garganta? Lembrei-me disso e calei, envergonhado.

NIX

O entendimento?
A explicação?
Impossível, com palavras.
Então por que dizê-las?
Por que repeti-las?
Para garantir
que o impossível
é impossível.
Então, se fala.
Mas o que se ouve é um troar
em confusão.
O certo é
que as águas já chovidas
nunca mais cairão aqui
outra vez.

29.
COMEÇO DE CARREIRA

Decidi: ia ser redator de propaganda. Redator comercial, dava dinheiro. Foi por acaso, mas como tudo que acontece, inevitável – os fatos, vistos *a posteriori*, ficam assim, em sua inexorabilidade. Sendo o mais júnior na redação da agência que me deu um emprego iniciante, um dia me mandaram buscar o trabalho de um *freelance*. "Vai lá e traz a redação do anúncio, procure o Coutinho." Fui. Estranhei o prédio, velhíssimo, na rua Sete de Abril. Um elevador também idoso, porta pantográfica, luzes fracas que dificultavam enxergar a numeração incompreensível nas portas, corredor que dava voltas. Pronto, achei. Bati. "Pode entrar!" Entrei. Três mulheres inidentificáveis, sentadas, mexiam nuns arames, com alicates, montando umas coisinhas. Perguntei o que era aquela tralha e me explicaram que se tratava de uma invenção do Coutinho, um aparelhinho de dobrar os cílios para cima.

Engenhoso. Estranho. Outra invenção: uns rolinhos deslizantes com que se podia massagear a pele. Uma cortininha de chita com motivo de flores vermelhas, no fundo da salinha. Tudo meio sujo, pressinto um quartinho que não se vê. Estou esperando. Abre o pano amassado e aparece um homem velho, o Coutinho. Parecia um personagem de filme antigo em preto e branco. Charlie Chaplin? Tudo muito apertado, um muquifo. Sobrancelhas também do Carlitos, como que pintadas com carvão. Sorriso pequeno, mordaz. Um fogão portátil a gás, de duas bocas, sobre a sua mesa pequena e estreita. Uma Olivetti 22., entupida de coisas. Tem uma chaleira esquentando e o homem me oferece chá. "Sente-se." Sentei. Ele enche duas xícaras que deviam ter sido brancas em outra encarnação. E, inacreditável, até para espanto dos meus padrões de literatura dostoievskiana, ele tira da gaveta dois envelopinhos de chá já usados, meio úmidos, que aguardavam num pratinho. Os dois envelopinhos são afogados de novo dentro das xícaras cheias, e eles se esforçam, mas não conseguem dar cor à água ebuliente. Outra gaveta se abre e ele pega com a mão dois cubinhos de açúcar, esfarelados, já sem papel. E graciosamente me oferece aquela aguarrás. Hesito.

Um golinho e nada de sabor. Disfarço, incomodado. Bom, vamos aos negócios: falo ao homem da minha missão, que agora me parecia cada vez mais *kitsch*. Houve alguma coisa dita por ele e eu respondo mal. Ele me censura, me dá lição. Eu penso: "Que se foda." Me levanto para ir embora, o emprego que se dane. Já estou na porta quando o homenzinho me chama. "Sente, rapaz. Na tua idade eu era igual a você, a mesma impetuosidade." Olho de novo sua cara encovada, percebo os cabelos pintados e seus olhos inacreditavelmente realçados com rímel. Será que ele é *viado*? O homem com rosto de papel de seda me hipnotiza. Que interessante o sujeito! Ele deve ter usado muito aquele rolinho dele de desenrugar pele. Mais um pouco de chá.

Melhorou, agora me serve um pacote aberto de biscoitos Maizena, da Duchen. Experimento. Meio mole, mas dá para o gasto. Essa figura, eu não imaginaria que se tornaria depois tão importante em minha vida. Ele me ensinou quase tudo o que eu aprendi de propaganda. Foi meu Mestre, meu Tutor, meu Amigo. É verdade que ele achava que eu era epilético e me deu um vidro de remédio americano, eu devia tomar duas pílulas por dia. Experimentei por algum tempo, mas não vi nenhuma melhora na epilepsia. Aliás, nunca fui epilético. Mas como desautorizar o Divino na Terra? A mulher do Coutinho era branca e descorada, eu a via sempre como um vulto passando pela cozinha deles, pela área de serviço. Fantasma. Alguém deve tê-la colocado dentro de uma tina com soda cáustica e depois deixado para coarar num lugar sem sol. Ela tinha manchas na pele ainda mais brancas. O Coutinho lhe dava algum dinheiro, às vezes. O Coutinho era assim, misterioso, gênio. Agora está me visitando em casa, melhorei de vida e ele fala sussurrando bem baixinho, sei que está com câncer na garganta. Eu, que detesto doença, me controlo, converso frívolo. E falsamente me ofereço ir com ele ao Hospital para lhe fazer companhia, numa das suas idas para tratamento de químio. Ele recusa e diz que eu não vou aguentar. Fala sua nova voz sumida: "Lá tem menino de sete anos com câncer no braço. Não é para você." Finjo de ofendido, mas dou graças a Deus por me poupar o sacrifício. Ele morrendo, eu começando, não combina. O Coutinho me faz um pedido casual: "Olha, eu vou pescar amanhã, na represa. Você sabe que tenho medo de cobra. Não podia me emprestar uma de tuas pistolas?". Ele fez a escolha, preferiu uma Walter 6.35 mm, bala de aço. Comento: "Besteira, com um calibrinho desses você não vai acertar cobra, não... Leva uma doze, cano cortado...". E o Coutinho: "Deixe estar, é só para assustar mesmo...". Aceito o argumento. Dois dias se passam, três – e nada dele. Só fui saber depois, meu

Tutor se suicidara, um tiro no coração, com a Walter alemã. Remorso? Não tive, acho que fez bem, o ex-Coutinho. Ele mesmo me instruíra em como proceder, caso um dia decidisse me matar. Curioso é que aquele câncer, ele pressentiu pelo menos uma década antes. Apesar do miserê em que vivia, era muito rico, paradoxalmente rico. Era dono de um prédio inteiro na avenida Ipiranga, por exemplo. E certo de que um câncer estava a caminho, muitos anos antes dele se anunciar, decidiu vender todas as suas propriedades, transformando-as em dinheiro vivo. "É para a herança ficar fácil, evitar inventário", explicou.

Se íamos jantar, e cada um pagava a sua conta, ele pedia só meia-porção. "Estou sem fome." Mas se eu o convidasse, oferecendo o patrocínio, então ele ia de porção inteira. Nosso restaurante predileto era O Gato Que Ri, naquela época uma birosca meio esculhambada no Largo do Arouche, lugar de putas e os perdedores de sempre. Serviam lá um bife à milanesa que era ilusão de ótica. Levantado com o garfo, ele tornava-se transparente, de tão fininho. Dava para ver através dele a luz do teto. Sabe de uma coisa? Às vezes penso se não foi o próprio Coutinho que atraiu o câncer, com sua mania de meia-porção.

ARREPENDIMENTOS

*Minha carga de arrependimentos
guardados na alfândega
já ocupa um armazém, um quarteirão.
São arrependimentos importados
de outras épocas, outros lugares
quando eu não era o que hoje sou.
Mas outros arrependimentos
congestionam meu apartamento
sobrando só um lugar para dormir
em cima do que fiz e do que não fiz.
Alguns arrependimentos
arrependidos de causar sofrimento
vão-se logo embora
deixando vazios em minha memória.
Abrindo espaço para novos
arrependimentos
pecados de ontem, anteontem
consequências de atos mal calculados
que poderiam ter sido evitados.
E para arrependimentos passados
resultado de desejos frustrados
do que poderia ter sido e não foi.
Como fosse possível ter certeza
de que o destino não havido
teria sido melhor do que o acontecido.
Eu teria, eu seria, eu poderia, eu faria...
o homem sofre no condicional
e se mata no presente
pelo que não poderia ter sido diferente.*

30.
HARRY, SEU PUTO

Um cabeleireiro, no salão que o Harry frequentava, tinha se insinuado para ele, gárrulo. E o Harry ficou curioso. Marcou um encontro com o cabeleireiro, à noite. Mas pediu que ele convidasse outro cabeleireiro para sairmos os quatro juntos.

E marcou um *blind date* sem me contar que íamos nos encontrar com dois *viados*, em vez de duas mulheres. Eu fiquei estarrecido, no começo. Mas eu, também sacana, acabei topando a parada. Os dois eram jovenzinhos, alegres, exagerados. Harry e eu, meio que na retranca. Fomos comer uma pizza e todos nos olhavam. Se as vozes interiores de nossos vizinhos de mesa pudessem ser ouvidas, a gritaria geral seria de *viado*! *viado*! Aquilo me chateou, odeio demonstrações explícitas de homofobia, de discriminação racial, de menosprezo com putas, de maus-tratos aos mais fracos etc. Defensor dos oprimidos, forcei demonstrar meu afeto público àquelas duas bichinhas, só para provocar os outros. O ambiente ficou ainda pior. Saímos de lá, pisando duro para deixar claro nossa macheza. Com a barriga recheada com as pizzas de linguiça e mozarela, aceitamos ir ao apartamento de um deles. Era óbvio o que ia acontecer. Na verdade, o Harry e eu tínhamos essa vontade antiga de dar uma saída com *viados*, pelo menos uma vez na vida. Subimos. Elevador de porta barulhenta, pantográfica, luzes escuras e falhadas nos corredores estreitos. Pinturas sujas. As gorjetas de cortar cabelo em salão unissex não deviam render lá grande coisa.

Para tomar coragem, pedimos alguma bebida. O dono do AP (eles usavam a abreviatura) só tinha licor de ovos no guarda-comida. Patético. Meu deus, licor de ovos da Bols. Servimo-nos, com cerimônia, em copos de geleia bem lavados. Tim-tim! Um gole, saúde! Horrível. Mais um, vá? Não é tão ruim. Só mais um. E assim enchemos a cara com licor de ovos.

O Harry logo derrubou o seu *viado* na cama, o quarto meio às escuras, luz só a refletida da rua, tudo eram vultos e silhuetas. Fugi com os olhos e me acheguei à janela, fingindo apreciar o movimento do Largo do Arouche, meio desajeitado, de trivela. Começou então aquela sinfonia de ais! ohhs! uis! com o Harry comendo o *viado* dele. Meu rapazinho, fingindo que também estava a olhar a paisagem, se encostou, dissimulado, e pegou no meu pau. Fomos então trepar no sofá de dois lugares, forro áspero de móvel comprado na Teodoro Sampaio. Não foi bom. Mas também não foi tão ruim. Havia vaselina perfumada, de farmácia. Depois do acontecido, meio abobalhados, tomamos o restinho do licor de ovos, fundo da garrafa. Uma última talagada comemorativa, digamos. Estávamos depois, na cama, os quatro, conversando divertidamente e íntimos agora, quando o par do Harry me abraçou, começando a me beijar. Puxei fora a boca, mas ele foi me batendo uma punheta muito suave, agradável. Estava feita a transação, agora Harry e eu com as bichas trocadas. Depois, como acontece quando a coisa é puramente sexual, não deu nem vontade de fumar um cigarro. Saímos de lá zunindo, juras de nos encontrar de novo, tudo bem, qualquer dia a gente se telefona, tchau! Já andando pelas ruas, caímos na risada. Tinha sido legal, certo? Legal. Muito legal. Mas o assunto foi morrendo com as risadas forçadas e nos despedimos batendo tapinhas um nas costas do outro. Nunca éramos desse tipo de cordialidade insincera. Voltei para minha pensão, perto do Mackenzie, a pé. Passei àquelas horas da madrugada pela Santa Casa de Misericórdia com as janelas contrastadas em *day-glo* contra paredes escuras, o vem e vai das ambulâncias rolando pelos portões de ferro laterais. Os carrinhos de rua com reflexos no macadame, lampião de gás com luz de acetileno em carrinhos de mão vendendo cachorro-quente com molho de tomate e cebolas, pessoas amontoadas em torno e falando em voz baixa, mariposas em noite de verão, mulheres apressadas levando crianças pequenas debaixo de cobertor, rostos de angústia. Parei para olhar o átrio do hospital, gente sentada em longos bancos compridos de madeira, crianças choramingando. Então, percebi meu estômago. Ele tinha se encolhido pela metade e me fazia arrotar, um arroto doce, azedo. Quando cheguei perto da pensão, não aguentei: segurei numa árvore e vomitei, em convulsões que tiravam minhas tripas para fora. O vômito era puro ácido grudento, que pendia da boca em fios grossos que se soltavam, hesitantes, caído e não caindo no chão. Limpei com a mão melecada esfregando na casca da árvore. Áspero, ficaram restos, não funcionou. Depois, já no quarto, lavei as mãos na piazinha abrindo só um pouquinho a torneira, para não fazer barulho.

Não tinha toalha, merda. Deitei na cama, esfreguei as mãos no lençol com nojo. Levantei, sem sono, e escovei os dentes. E vomitei de novo.

Lavei outra vez meu pau, com um sabonete duro, sem espuma, que nem um resto de queijo seco. Meus companheiros de quarto roncando nas camas vizinhas. Cheirei meus dedos, continuavam fedendo vômito, igual. Joguei a cueca suja pela janela, que caiu sumida na escuridão. Dia seguinte, vi-a prostrada no telhado de uma casa vizinha. Estava um dia chuvoso, cinza, que fazia também chover dentro de minha alma. A cueca continuou lá, por meses, exposta, só para me lembrar do meu pecado.

NENHUMA FOLHA

Nenhum sofrimento antigo
merece ser repetido
sofrimentos novos aguardam
seu momento de ser vivido.

Nenhuma folha de árvore
na terra se perde afundada
que como folha nova
volta sempre ressucitada.

Nenhuma hora da noite
pode ser noite sem ser dia
e o dia também é noite
os dois sempre em agonia.

31.
O SABONETE

Minha munição é rever as frases que mais me fizeram mal. Para odiá-la ainda mais, para esvaziar meu aspirador cheio até a boca. Para despejá-lo no lixo, tomei o hábito de cultivar lembranças cruéis. Por exemplo, quando a convidei para foder de novo, depois da última separação, naquele momento depois do saquê, na tentativa de reatar nosso caso. Ela negaceou. Trapaceou. Me beijou sôfrega, com a boca aberta, sem língua, um buraco de carne escura cheirando esquisito. Enquanto isso ia repetindo, contraditória, "sou mulher de um homem só". Mulher de quem? Dele, sua puta? E o que faz essa tua mão agarrando, frenética, meu pau? Só para acabar este assunto, naquela noite deu tudo errado. Não reatamos. Numa derradeira tentativa de grudar outra vez nossos corpos que cada dia se separavam mais, uma noite resolvi esperá-la, até quando chegou, às três da madrugada. Fumei três charutos, inteiros, andando na rua. A luz do apartamento dela então se acendeu e fui bater na sua porta. Ela abriu. Insisti e ela me deixou entrar. Sentamos em poltronas diferentes, olhando um nos olhos do outro. O diálogo que ocorreu não interessa. Falou-se a mesma fala que todos os apaixonados assassinos falam, cada um arrebentando o outro, metaforicamente, doendo tudo junto, em câmara lenta, cada palavra gravada para futuras provações. Pois que paixão serve só para isso – ir de agonia em agonia, se sabendo em agonia, mas não querendo a salvação por medo de perder o que está a nos fazer agonizar. Num certo momento, escorreguei de minha poltrona e peguei um dos seus pés, em minhas mãos. Tirei as suas botas, o namorado devia tê-la trazido de moto. "Não se ajoelhe, não precisa se humilhar". Respondi: "E quantas vezes você se ajoelhou aos meus pés, para me chupar? Quantas vezes pegou meu pau debaixo da mesa, fingindo que estava esperando ser servida de arroz enquanto me batia uma punheta sem os outros perceberem?". Mais algumas desgraças foram ditas, e eu me decidi ir embora. Disse-lhe que queria voltar a falar com ela no dia seguinte. Houve uma negociação tensa entre nós, amanhã não posso, depois de amanhã sou eu que não posso, jogos de buraco, pôquer, canastra, sem cartas. E fechamos, seria na segunda à noite, eu iria telefonar, para confirmar nosso encontro. Queria agora ir embora, deixá-la para trás, sair dali. Mas, então, o inesperado. Ela se levantou e me abraçou, grudou seu corpo seladamente no meu, a cabeça caída sobre meu ombro, respirando pesado. Senti descargas energéticas percorrendo o seu corpo, aquela impulsão de mulher no cio.

Foi quando percebi o perfume de sabonete de motel no pescoço dela, azar.

A moça queria fazer amor comigo, depois de ter feito isso poucas horas antes, com seu novo amante. A dona puta se achava minha proprietária. Perfume barato de alfazema. Pulei fora. Que é isso? Ela entra em tormento hormonal, a natureza chama para foder e a mulher quer fazer mais filhos antes de acabar o tempo reprodutivo? É só isso, fisiologia? Tudo isso explicado em jargão de artigo de revista científica velha, dessas que ficam jogadas nas salas de espera dos consultórios médicos? E eu, como posso me explicar? Sou só um macho com instinto de morte, Tânatos, nos preparos para sair da vida e jogando toda minha insegurança entre as pernas de uma mulher? Quero o quê? Que ela me diga que não sou fungível, que sou permanente, único, desejando desesperadamente acreditar nesse engano autoprogramado? Fingimos, os dois? Preciso aceitar: todos os contratos de amor são revogáveis, sem exigência de aviso-prévio. É a Lei. Estamos, pois, despejados, um do outro.

SOLITÁRIO

O estar só é táctil
orgânico.
Estar só
é sentir a mão no braço
sem a mão.
Muitas mãos
cortadas
formam uma solidão.
Não faço questão
de ficar incólume
protegendo tocos decepados.
Cortem-me.
Mas por favor
fiquem perto de mim.

32.
PAIXÃO

Estava difícil de controlar. Uma doce amiga, com quem eu, às vezes, passava a tarde em motéis, me viu meio melancólico. E resolveu me fazer uma proposta. Ela queria que eu conhecesse uma amiga dela, "...uma graça". Então vamos ver a graça. Desde o começo foi uma gloriosa experiência fotográfica. Nosso carro pegou uma subida e minha amiga exclamou: "Olha lá, é Ella!" Meu Deus, era uma linda mulher-menina, vasta saia rodada de tecido leve, tinha o sol caindo por trás dela. Fiquei parado naquela beleza, a silhueta do seu corpo revelada pelo contraste dos tons laranja que filtravam irradiados pelo sol. A luz misturava com amor e a beatitude abarcava todo o horizonte. Parei e já me sabia apaixonado. Claro, criamos um caso.

Problema: ela era casada e o marido era um rapagão bonito e boa gente. Decidimos fingir amizade para fins sociais, trouxe minha mulher para aquela relação de casais e tudo parecia bem. Secretamente, fantasiávamos que um dia iríamos nos casar. Um dia. Certa vez, Ella me ligou, "Pode vir esta noite que meu marido viajou, foi para Londres. Vou fazer um *fondue*, não precisa nem trazer vinho". A partir desse convite, o relógio quebrou. Cada minuto só passava em dez minutos, cada hora em vinte horas, fui me arrastando pelo resto do dia. Tomei banho, escolhi perfume e pretextei alguma mentira para minha mulher. Ao encostar o carro na frente da casa dela, me deu um aviso premonitório, um *frisson*. Acreditei na sirena do instinto e fui estacionar um pouco mais adiante, para não arriscar nada. Din-don! Lareira acesa, vinho já na jarra, descansando. Ela, a fêmea mais desejável, a mais linda, a mais isso, a mais aquilo, a mais tudo. Nos beijamos e caímos no tapete, naquela paixão que todo mundo sabe como vai acabar. Estávamos assim, as roupas meio arrancadas, quando a campainha: din-don! Puta que pariu! Será que o avião dele não tinha saído? Peguei minhas coisas, tudo o que eu podia, desajeitadamente, e aí fiz uma burrice: decidi me esconder dentro do banheiro. Banheiro? E agora, como vou sair daqui? Ouvi vozes de homem, na sala. Tateando no escuro, fui até a janela, podia talvez fugir por aí.

A janela estava gradeada. O coração me batia nos ouvidos, tanto que tinha medo que ouvissem lá fora, sentei no chão. Por que no chão?

Sei lá, sentei. Meus olhos se acostumavam à escuridão e pude perceber que me encontrava sentado debaixo de uma pia. Uma pia? Uma pia. Pior, a torneira estava desregulada e as gotas caíam na bacia da louça fazendo um barulho de trovão. Ainda sentado, fui apalpando, erguendo o braço até a torneira, atrás, para fechá-la. Que, com defeito, súbito disparou a jorrar, uma Niágara. No susto, levantei precipitado, sem pensar. E bati a testa na beirada debaixo da pia, sangue quente começou a correr em minha cara, nuca. Levantei, tonto. Com a mão esquerda tentava fechar a torneira, com a direita estancar a ferida que sangrava do meu couro cabeludo. Eu tremia todo. E aí me apercebi de que não sairia dali com todas as minhas partes inteiras. Pensei que se ele (devia ser ele) entrasse no banheiro eu lhe diria para me esmurrar, que eu merecia. Não me defenderia. Vozes masculinas, dos visitantes, continuavam na sala, eram mais do que três, agucei os ouvidos. Nesse momento fiz uma promessa que cumpriria pelo resto da vida: nunca mais me enrabicharia por nenhuma mulher casada, juro por Deus que nunca mais, juro, juro. Silêncio. Batem na porta. Fiz como se não fosse comigo, não estou, não estou. "Abre, sou eu." Quem eram? "Uns amigos, que vieram buscar umas coisas. Tudo bem, eles já foram, agora já podemos jantar nosso *fondue*, botei fogo na espiriteira." Eu, com as pernas moles. Expliquei que queria ir embora, pre-ci-sa-va, mostrei a ferida na cabeça, deixa que eu ponho água oxigenada, pode deixar, te ligo, pode deixar, amanhã te ligo. Falas mecânicas. Na rua, vento frio, entrei no carro ainda idiotizado, paranoico, imaginando se tinha gente esperando para me estraçalhar na rua. Acelerei cantando os pneus e fui para casa, que estava sossegada, minha mulher lendo na cama, as crianças dormindo. Vivaldi, ao fundo. Tomei outro banho, amassei minha roupa, enterrei-a no cesto bem fundo, para não sobrarem indícios incriminatórios.

 Depois me olhei no espelho procurando sinais das desgraças por que tinha passado. Me enfiei na cama, com cuidado para nem encostar no pé da minha mulher, que continuou lendo, e virei para o lado. Fiquei arregalado até tarde da madrugada. Dia seguinte, Ella ligou, no escritório. Não atendi, não sabia o que falar – eu me sentia indigno, covarde. Pusilânime. Depois de alguns dias, liguei de volta. Busquei-a, rodamos bastante tempo sem falar nada. Estacionei debaixo da sombra de uma grande árvore, perto do Hospital das Clínicas. Quando tentei falar o que eu não sabia, descobri que sabia.

Disse-lhe: "Nosso caso está acabado." Assim mesmo. "Por quê?" E eu, definitivo: "Porque você usa calcinha de mulher honesta, não aquelas cavadas que se enterram dentro da bunda. Você não é dessas, você é para casar." Ella chorou, eu chorei, mas eu sabia que estava certo.

Depois, passei meses mergulhado fundo no trabalho. Nunca esqueci, nunca. Aquela mulher merecia um risco, um divórcio, começar tudo de novo. Mas não tive coragem. Vão-se alguns anos.

Estou agora andando por uma avenida no centro da cidade com um amigo e passam por nós, vindas por trás, conversando, duas mulheres, panos esvoaçantes. Fico olhando as duas belas mulheres, pelas costas. Era Ella. Percebo que ela me dá um olhar de esguelha, rápido. Passadas largas, ela vai se afastando de mim, as sandálias amassando a calçada, a minha vida deixada para trás, outra vez. Viro para meu amigo e digo: "Tá vendo aquela mulher gostosa? Comi muito ela, seu!". Risadas escrotas. Aí percebo dois homens, que vinham atrás, comboiando as duas. Um era o rapagão, marido dela. Acho que ele ouviu o meu comentário.

E me olhou frio, com desprezo. Me encolho, inconscientemente me encolho, quando lembro aquele vexame. Mas francamente, Ella, do que tanto falávamos quando estávamos juntos? Discutimos alguma vez a teoria da evolução, você e eu? Não? Pois que para mim essa teoria materialista é errada. É Deus que dá corda no mundo, promovendo a evolução à sua vontade. Por que, passados milhões de anos, ainda não nos transformamos, todos, num mesmo tipo de animal, inexpugnável? Vontade dele. Por que não sou inexpugnável? E o *Big Bang*, o que existia antes? Se agora eu sou outro homem, onde está o homem que fui, um dia? Como posso ter qualquer certeza de que existe alguma certeza, se não tenho nenhuma certeza? Nós conversamos tão pouco, Ella, tão pouco. O amor, o amor é tudo, mas também é quase tudo,

Ella. Além da excitação, da grudação sensual, do maravilhamento mútuo, o que mais, Ella, eu queria? É tão triste desistir, por que não me contentar só com a presença do outro, sem a expectativa de revelações colocadas em palavras?

Sem as palavras será que dá, Ella? Ou só reconheço a felicidade depois que a felicidade foi embora?

SUICÍDIO

Não precisa gostar de mim.
Eu também não gosto de mim.
Se eu me amasse
faria um filho em mim mesmo
e meus mamilos machos
leitariam sem fim.
Se eu me amasse
compreenderia meu corpo
me desculpando todos os pecados.
Ficaria católico
filho de Cristo amante
em cetim violeta-roxo-brilhante.
Se eu me amasse
me colocaria
docemente a dormir
indo na direção do vácuo
onde mora o Senhor
para buscar uma nova senha
para tentar uma outra vida
dessa vez
menos fracassada.

33.
PESCARIA

Tinha dado tudo certo. Havia no ar uma euforia quase insuportável. Nossa casa térrea em Araraquara estava com todas as luzes acesas, um transatlântico em festa chegado do alto-mar. Igual às outras casas da rua, a nossa tinha a sala dando para a calçada, como costumava ser no interior. A janela ficava um pouco acima das pessoas, garantindo alguma privacidade, mas um passante que ficasse na ponta dos pés podia olhar lá dentro. Cortinas de renda branca, sempre fechadas. Nessa noite, meu pai e meus tios tinham pescado uma enormidade num rio que atravessava os baixios da cidade. Uma bacia grande, no meio da sala, estava lotada com peixes de bocas abertas, alguns ainda em sororoca. Mais dois ou três sacos de estopa molhados, também cheios. Minhas tias se revezavam em exclamações de *Madona! Mannaggia! Cristo Re!* Eu separei duas pernas adultas que fechavam a minha visão e me acheguei àquela piscina cheia de peixes. Levantei um pelo rabo. Era pesado. Meu pai reparou e disse: "Dourado". Beleza, era mesmo um pouco dourado, até depois de morto. As mulheres, na cozinha, limpavam montanhas de escamas. Barrigadas jogadas no balde, sangueira na pia, torneira aberta, estardalhaço de água. No dia seguinte e no outro e no outro, teríamos peixe no almoço e no jantar. Alguém aventou uma possibilidade: "Vamos levar um pouco para o irmão?". Era o tio que faltava, que tinha se casado com *una brasiliana*, que boa bisca não devia ser. A sugestão caiu no vazio. Claramente, ele não teria peixada em sua casa. Ficamos todos desconfortáveis. Meu pai também tinha casado com *una brasiliana*, minha mãe. E deu no que deu. Eles tiveram dois filhos, nós, um atrás do outro.

O mais velho, eu, tinha um aleijão no lado esquerdo da barriga, sobressaindo como um Pão de Açúcar, uma desgraceira, um amontoado de carne dura, músculo defeituoso crescido para fora para o qual não se encontrava diagnóstico com os doutos da época.

Meu pai não sabia o que fazer, um filho defeituoso era uma novidade naquela família italiana. Talvez um castigo divino. Na maré do azar, meu irmão caçula, quase um recém-nascido, morreu de injeção, na farmácia. Meu pai ajuizou: "Chega um filho morto. Não vou deixar operar a bola desse menino que sobrou. Prefiro o menino aleijado que um menino morto." E assim eu me salvei de entrar na faca.

Me acostumei a ganhar olhares de comiseração e lentos abanares de cabeça cada vez que tirava a camisa. Responsabilizavam minha mãe pela morte do menininho. E pela minha bola, também. Formou-se uma maré de ódio e desprezo contra ela. Mandaram-na embora, o casal morava na casa do meu avô. Minha mãe, então uma meninota, resolveu o problema de rejeição se atirando dentro de um poço ao ser expulsa de casa. Era um poço raso, como se descobriu depois, cheio de grandes pedras. Ela bateu lá embaixo e foi retirada já com a espinha torta.

Pelo resto da vida ficaria obrigada a usar um colete de couro apertado, com barras de metal que lhe abraçavam as costas. Isso lhe permitia, ao menos, manter um precário equilíbrio quando em pé. Na época, eu tinha pouco mais do que um ano. Ela me abandonou? deixou? largou? com os pais do meu pai e foi fazer a vida. Outra versão: ela teve que me deixar, obrigada pela violência do meu avô. Uma diferença e tanto para minha futura autoestima. Bem, naquela noite da pescaria minha mãe não estava na casa de Araraquara, mas num mundo paralelo que eu não sabia avaliar. Minha tia mais novinha, abafada com o cheiro de peixe, decidiu abrir a janela da frente para entrar algum ar, estava mesmo insuportável. Ela abriu as cortinas, as venezianas, olhou para fora, gritou e foi para trás, caindo de costas no assoalho, como que desmaiada. Olhamos todos, espantados. Pendurado do lado de fora e olhando para dentro da sala, um sujeito assustador, horrível, com os braços abertos segurando nos ressaltos da moldura da janela. Era um negro, se não me engano. Meu pai, que estava agachado mexendo nos peixes, pulou na direção do homem, como uma mola comprimida que se solta de repente. E meteu direto um soco seco na boca do homem, que desabou lá fora, na calçada. Meu pai saltou a janela quase sem se apoiar, caindo em cima do homem esborrachado. Não lhe deu chance, fiquei apavorado olhando a carnificina. O camarada levava e levava socos no rosto, abrindo cortes largos por onde escorria sangue. Nem reagia, olhos fechados, a cabeça balançando e batendo de um lado para o outro, no cimento da calçada. Minha avó gritou: "Para, para que você vai matar o homem!". Foi difícil tirar meu pai de cima do infeliz, ele funcionava obstinado, que nem uma piranha arrancando pedaços de um boi atravessado no rio. Sei lá o que houve depois. Também não me disseram o que o homem pretendia fazer, nem por que se havia pendurado na janela. O pai, magro, quase esquelético, era incrivelmente forte. Uma força que explodia de pura energia nervosa.

E depois dessas erupções sísmicas, que lhe eram tão frequentes, ele ficava abatido em mil pensamentos que não dividia com ninguém. Convivemos pouco, morreu cedo, 33 anos. Minhas lembranças privilegiam o que me assustou mais. Num desses almoços domingueiros, um dos raros em que meu pai estava presente, pois morava em outra cidade, serviram galinha ensopada, colocaram um pedaço no meu prato. Tratei de separar a pele molhada, geleiosa e ainda com restos de penas, não tinham esperado o álcool queimar todo o corpo pelado do bicho, o rabicó estava claramente um penacho. Acho que até reconheci aquela galinha amiga, do galinheiro onde eu lhe dava milho na mão e ela cantava coro-cocó-cocó, cocó, toda dengosa. E o pior era o cheiro de pena queimada. A cabeça da galinha também estava ali, nadando no molho, bico aberto com a língua para fora e os olhos brancos de fervura. Pelo menos era assim que eu sentia. Botei aquilo mais para a borda do prato, em recusa, empurrando com a faca. Meu pai: "Por que você não está comendo a pele da galinha?". Nem respondi, olhos baixos, em pânico com o tom de sua voz. E ele: "Coma". Com o garfo, peguei aquela pele mole, já fria, nojenta. Pus na boca, que refugou, a garganta fechada em contrações de vômito. Tirei da boca, babando e depositei aquela meleca, respeitosamente, outra vez no prato. Meu pai, agora de pé, me pegando pela nuca: "Coma! Coma! Tem que comer!". Peguei a pele mole com a mão e a empurrei por entre os dentes, a língua, porém, se revoltava e empurrava tudo de novo para fora, outra vez, contra a minha vontade. Todos olhavam consternados, incapazes de reagir. Não sei quantas vezes fui metendo a pele na boca e vomitando de volta.

No fim, meu pai estava ele mesmo, em pessoa, de pé ao lado de minha cadeira, esfregando e empurrando a pele de galinha pela minha boca abaixo com dois dedos, o molho me entrando pelo nariz, não podia respirar e além de tudo chorava com soluços. Cena bonitinha. Meu pai agiu igual como fez com o intruso da janela, que, aliás, depois da surra, nem devia mais se parecer com a foto de sua própria carteira de identidade. Agora eu, tantos anos passados, recém-casado, morava num predinho classe média, em Pinheiros. Dormia, naquela manhã, hora em que a empregada ia buscar uns pãezinhos para o café. Acordo de súbito, e ainda no sono vejo e ouço a empregada gritar: "Tem um homem na porta, ele veio atrás de mim!". Pulo da cama e saio correndo em direção à porta. Vou sem tempo de respirar, ainda sonâmbulo, dormindo. Estava lá um homem igual ao espancado pelo meu pai, na mesma posição, seus braços igualmente abertos e segurando as molduras da porta, o olhar esgazeado para dentro da casa. Nem duvidei. Dei-lhe um soco no rosto, com todo o impulso de minha corrida. Ele caiu para trás, meio desmaiado. Saltei por cima do seu corpo e comecei a puxá-lo pelas pernas, queria que ele fosse batendo a cabeça pelos degraus de mármore até lá embaixo. Minha mulher me segura, puxando pelo pijama enquanto eu ouvia, lá longe, os seus gritos distantes, "Para, o homem está bêbado, está bêbado!". Parei, paralisado, e agora o homem pedia, gemendo, pelo amor de Deus, se segurando como podia nas beiradas dos degraus. Estava fechado o ciclo. Meu pai, eu, seu filho. Fúria, sem nem precisar ligar a ignição.

Explodíamos igual, os dois, tocados por ódio. Trogloditas, neandertais, predadores. Nem quis tomar café em casa. Fui hesitando pela rua, me reconhecendo como meu pai. Minha mulher, grávida. Eu queria ter com ela uma nova história, mas minha velha história não deixava fluir. Passei por uma pequena igreja, nunca tinha reparado nela. Porta aberta.

Entrei, a missa era para um grupinho que se ajuntava lá na frente, muitos velhos, zumbido de orações, velas acesas, uma benevolência cansada. Sentei no último banco. Me ajoelhei, ninguém reparou. Rezei padre-nossos, as palavras e as frases perdiam o sentido sagrado do tempo de minha meninice. E chorei pedindo redenção, sem saber se alguma vez ela viria para mim. Mas reparei que nem sequer a chama de uma vela se moveu. Ele, que devia estar tangendo o seu rebanho; eu, ovelha perdida, ele não havia se comovido?

Os caminhões de entrega, lá fora, tiravam suas cargas, com estrondos, sem se incomodar com nosso recolhimento. Buzinas já se enfrentavam no trânsito pesado do dia de verão quente que começava. Me sentindo desabafado, levantei e fui para a porta, esquecendo de me persignar.

É que minha cabeça já preparava planos bélicos para mais um dia de guerra.

PÓLEN

Meus pólens
são bilhões
descendo turbilhonados
tocados por um vento.
Nuvens de pólen
cascatas
que sobem e descem
revoluteadas
na busca da vagina-mãe.
Chegando abortadas
no asfalto molhado
em telhados cimentados
cantos cobertos
de prédios desertos.
Espermas descartados
destinos terminados
amores desligados
palavras não ouvidas
mundo infertilizado.
Mas sempre tem
um último pólen
desgarrado
que teima em rodopiar
alado.

34.
CAFETÃO? AINDA NÃO

Mudei para uma pensão, perto do Mackenzie. Minha mãe ainda mandava uma pequena mesada e eu lhe devolvia cartas mentirosas sobre meus sucessos acadêmicos. Já tinha decidido que não mais iria às aulas de Direito, na São Francisco. Meus novos colegas agora eram da Faculdade de Arquitetura, a FAU. Moravam na mesma pensão que eu, gente fina, intelectuais – e não aqueles estrumes com que eu costumava andar por aí, cafajestando, quebrando festa, só fazendo merda. Me afeiçoei a eles, que resolveram me adotar. Comecei a ler muito, pegava livros na Biblioteca Municipal e depois me esquecia de devolver. Falsificava então o cartão da Biblioteca e ia lá buscar mais livros para satisfazer minha curiosidade literária. Li os russos, que se pareciam tanto comigo. Os existencialistas franceses, com quem aprendi a tomar café com conhaque e filosofar inutilidades palavrescas. Descobri também quão conveniente era citar Eça, mesmo sem nunca ter lido um livro ou ele ter caído em minhas mãos. E até reli o Monteiro Lobato de minha infância. Fiquei amigo do porteiro do Museu de Arte Moderna, furava a fila e ia ver os filmes franceses, de *avant-garde*. Economizava para ver os diretores italianos nos cinemões, amava, apesar do desgosto de só poder entrar na sala de projeção usando gravata. Descobri o cinema japonês no cine Joia, filmes contemplativos que tinham um ritmo que me fazia refletir zen, logo eu que não aguentava sentar a bunda mais do que meio minuto, em qualquer cadeira ou poltrona, tanto faz. Fazia um esforço para me concentrar, mas logo recebia a visita de uma doce mulher em minha mente, que entrava sem bater na porta – despudoradamente, só conseguia pensar nelas, uma doença.

E, naturalmente, me tornei comunista. Quem não fosse comunista, na época, era um direitista empedernido, um cachorro a soldo do imperialismo ianque, alguém que merecia ter sua cabeça quebrada a pauladas. Dessa forma, tentei encarar Marx um par de vezes. Muitas vezes, para ser honesto. Até andava com um grosso volume de *O Capital* debaixo do braço, o título calculada e distraidamente à mostra. Vou ser franco, não entendia porra nenhuma, lia o mesmo período, relia e ficava na mesma, dava vontade de bocejar. Estava envergonhado de minha pouca inteligência. Minha esperança era que aquelas altas abstrações filosóficas e políticas poderiam, quem sabe, me iluminar por osmose.

Correndo o risco de ficar ridículo, como um colega nosso que até em festa ia com um livro debaixo de braço. Deram para aquele pernambucano franzino o apelido de "*suvaco ilustrado*". Minha vida agora tinha entrado em exasperante calmaria, caravela sem ventos, meus marinheiros interiores quase em motim, escorbuto à vista. Resolvi então tentar uma vaga num certo Festival da Juventude Comunista, que ocorreria em Praga, segundo o cartazete vermelho com letras garrafais e imagens de estudantes estalinistas, braços erguidos brandindo a foice e o martelo, colado nas paredes da Faculdade. Aliás, se martelo era uma arma da Revolução, para que a foice? Esse era um dos meus dilemas, no momento. Praga onde, isso é nome de cidade? Um tio distante, irmão de minha mãe, era justamente editor do Notícias de Hoje, o jornal comunista da época. Uma boa, ótima. Fui ao jornal, vi o endereço no expediente e esperei para falar com ele. Confiando em nossa ligação familiar, pedi-lhe direto ajuda a fim de me alistar às fileiras do partido do povo, mas ele não se deixou enganar. Na minha testa estava escrito "turista". Descobri então que tinha uma fila enorme de comunistas, mais comunistas do que eu, querendo conhecer Praga. Na verdade, meu presuntivo tio quase nem me olhou, enquanto eu falava, seguindo a trabalhar em sua mesa, onde estava depositada uma tabuletinha escrito "Secretário de Redação". Em resposta ficou balbuciando desculpas, enquanto revisava resmas de papel datilografado, óculos na testa, sem levantar a cabeça nem para me olhar. Virei mosca a ser enxotada. Até hoje, quando alguém fala "intelectual comunista", lembro-me do meu tio. Jornalista de chavões, raciocinando por diretivas partidárias, escrevendo versões de oportunidade, obedecendo ao prócer hierarquicamente mais por cima dele, textos formulados em bloco, dizia-se que ele era "ideológico". Um burocrata com o cérebro pavlovianamente condicionado, conforme eu o via. Idiota, filho de uma puta. Adeus Praga, adeus carreira de comunista, adeus Stálin, adeus Mao, adeus. Mudei de pensão, outra vez, desta vez fugindo de noite. Estava atrasado com os pagamentos, mas o Raskolnikóv tinha o mesmo problema de viver miseravelmente e Dostoiévski não o desprezou por isso. Naquela nova pensão onde fui aceito sem prévias referências, tinha morando lá uma loura oxigenada gostosíssima, vítima das licenciosidades e do espírito aproveitador da burguesia capitalista. A loura falsa, de farmácia, chamava-se Cleide. Resolvi trazer para ela e sua formidável bunda algum conforto espiritual e amizade desinteressada.

Quando meus colegas de quarto saíam, ela ia me visitar, sorrateira, e eu então lhe proporcionava o *enlightenment* e a excitação intelectual de que estava tomado.

Recitava-lhe poesias, lendo os nomes de poetas românticos franceses em voz alta, pausadamente. Caprichava na pronúncia de nomes estrangeiros: Pierrre, Camille, Montblanc. Não, esse é nome de caneta. Havia-me decidido a ser o seu preceptor, o que ela apreciava.

Na cidade de onde tinha vindo, faltava-lhe direção intelectual. A loura tinha tirado o diploma de ginásio, em Araraquara. Se aquela menina fosse de uma pequena cidade no *hinterland* americano, teria sido guindada à posição de *cheerleader* do time de basquete local, por virtude de suas saliências corporais. Seu bundão perfeito, suas pernonas torneadas por esportes vários, seus peitões fabricados por Deus para alimentar dez crianças junto, tudo nela era superlativo. Eu não a atrapalhava nem censurava por suas saídas programadas com homens velhos e carros novíssimos. Às vezes ela entrava com a metade do corpo dentro da janela de um carro parado no meio-fio, ao combinar grana com algum cara que ia buscá-la, ficando sua bunda a balançar para lá e para cá. Os colegas pensionistas quase caíam das janelas, de puro tesão. Tinha quem batesse punheta. Cleide apoiava-se em uma e outra perna, uma ingenuidade sem intenção, mas que fazia os homens pararem, hipnotizados – hirtos, como se falava.

Eu costumava esperá-la até horas tardias fiscalizando lá da janela do sobrado, no último andar da pensão, com madames passeando seus cachorrinhos sem recolher a bosta cagada por eles, *viados* velhos caçando jovens de bíceps em camisetas apertadas, senhores andando solitários com o guarda-chuva inútil debaixo do braço, enfim, me distraía deixando o tempo passar até que ela voltasse com o seu michê. Então íamos fraternalmente até a esquina, num boteco, onde ela pagava um sanduíche misto-quente, acompanhado de chope gelado. Nessas horas eu falava com ela de Nietzsche, que havia lido sem entender nada, francamente. Mas eu amava as tiradas dramáticas dele, suas catadupas verbais, os pessimismos cataclísmicos, tudo me encantava. Trepávamos nos corredores, de pé, naquela semiescuridão perigosa, a dona da pensão desapertava as lâmpadas dos soquetes para economizar na conta de luz. Ela segurava no corrimão com as duas mãos, arreganhada para a frente, empinando aquela bunda branca de carne macia, a calcinha abaixada jogada sobre os sapatos de salto alto, essa era a nossa posição preferida, apesar da canseira nas pernas. Parte do encantamento era foder sem fazer barulho, gemidos para dentro, sabendo que qualquer porta podia se abrir de repente, nos surpreendendo com um ohhhhh! Isso nunca aconteceu, aliás. Depois de gozar, o coração retumbando e a secura na boca pediam pelo menos um guaraná gelado. "Vamos de novo à padaria?" Vamos. Nossa associação estava dando certo. Mas ela resolveu voltar a estudar, patrocínio cultural de um dos seus padrinhos. E um outro padrinho resolveu mudá-la para um apartamento tipo BNH. Cleide agora não mais morava num mixo quarto de pensão. Estava subindo na vida, ganhando dinheiro, roupa nova, enquanto eu, nem sanduíche de presunto.

Percebi que outra carreira promissora se esvaía. Não dava para eu ser um cafetão. Estávamos meio separados agora e eu invejoso de sua ascensão social. Quando ela não tinha companhia ou estava aborrecida, me chamava ao telefone. Eu aceitava, meio humilhado. Mas ia. Pegava um ônibus e subia no prédio dela, admirando o elevador, que tinha um painel de botões que pulava o 13º andar. A suntuosidade dos aposentos da Cleide se limitava ao quarto e uma salinha com mesa verde de fórmica e cadeiras de pernas finas. Dois passos e você entrava na sala. Mais dois e cruzava todo o perímetro do apartamento, chegando até a janela do quarto. A TV, meio antiga, com a antena em V em cima e *bombril* nas pontas, estava sempre ligada, sem som. Nem novela tinha som, parecia TV de surda-muda. No armário branco com balcãozinho havia uma pia e um fogão com um minibujão de gás. A esse lugar ela chamava charmosamente de minicozinha. Lá ficava guardada uma garrafa de Cinzano, mondrianamente disposta numa fileira de copos de vidro comprados no bazar da esquina. Garrafa esta que ela nunca desatarrachou a tampa para me servir. Mas jamais deixei passar essa frustração. Ela costumava fazer para nós café de chaleira, adoçando direto na garrafa térmica, enquanto tagarelava. Servia em dois copos de vidro fumê e, quase sempre, umas fatias de bolo *Pullman*, sabor limão. Ou laranja? Não era um jeito ruim de passar o tempo. Se Cleide estivesse com vontade, tinha sobremesa – aí ela abria as suas lindas e convidativas pernas. Infelizmente, um dos seus padrinhos sofreu um acidente de carro, com ela dentro. E a loura perdeu parte do seu capital, cinco dentes da frente. Aquele padrinho, acho que desanimado com o infortúnio e vendo o estado dela, só lhe pagou um dentista de bairro, desses que costumam colocar placa anunciando "Cirurgião Dentista" na frente de sobradinho. Os dentes falsos ficaram soldados um no outro, do mesmo tamanho e com a mesma cor de bidê, os ganchos de metal brilhante aparecendo, nítidos, quando ela dava risada muito aberta. Tempos depois soube que a melhor amiga dela havia se suicidado, atirando-se de uma janela daquele mesmo prédio onde ela morava. Triste. Eu conhecia a moça. Franzina, olhar de cachorra mansa, onde arranjou a coragem para um ato tão radical? Nunca decidi realmente minha opinião sobre o suicídio, em si. Vou saber, no dia do meu. Ela me contou o patético caso quando nos encontramos, por coincidência, muitos anos mais tarde, na *Galeria Ouro Fino*. Queria ser simpática comigo e afetuosamente me destinou seu melhor sorriso de dentadura. Falei: "Cleide! Cleide! Cleide! Quanto tempo! Que saudade!". Tudo assim, com exclamação. Ela me abraçou e segurou minhas mãos, bem apertado, súplice. As mãos dela pareciam ter sido molhadas naquela hora, sem enxugar. Teria ido ao banheiro? Reparei perdigotos saltitando da sua boca, e fiquei desolado com essa minha observação pouco caridosa. Também notei, contra a vontade, uns desabamentos verticais em seu rosto, que havia ficado emurchecido pela perda dos dentes. Permaneci assim, pasmo, absorto, olhando-a sem falar, tentando disfarçar minhas emoções. Sua voz me acordou do súbito retiro a que me havia recolhido. "Agora eu sou dona de butique, viu?! Hã-Hã!... Na rua Augusta, menino.... Vai me visitar". Voz estridente, nunca havia reparado.

Corrigi interiormente a forma do verbo: vá me visitar. Ou venha me visitar, tanto faz. Ela me deu um cartão comercial que durou até o próximo cesto de lixo. Cleide se despediu com outro abraço, contra o qual já havia me prevenido, segurando habilidosamente seus cotovelos, e foi embora, se retirando, alegrinha, com passos de pata quinze-para-as--três. A bunda dela, parece que continuava a mesma. Talvez um pouco caída. Quem diria. Não tínhamos mais nada para conversar. Cleide, quando eu decidir comprar um jeans contrabandeado, juro que vou procurar tua butique da rua Augusta. E espero conseguir um desconto, lógico.

EXPATRIADOS

Medo do quê, amigo
tudo que dá medo
também dá coragem
precisamos pensar assim
nesta eterna viagem.
Morre-se por dizer uma palavra
dita distraído, com descaso
morre-se por ficar calado
pela palavra certa
não haver encontrado.
Morre-se por muito ter vivido
morre-se mesmo sem ter um passado
nada é justo ou injusto
já se tem o destino preparado.
Expatriados somos todos
ficando sempre estrangeiros
por viver nesta terra
sem compreender nada dela.

35.
HORA DO RECREIO

Nosso professor de Matemática demonstrava um teorema, voltado para a lousa. Que teorema? Não me fascinavam aquelas fórmulas algébricas cheias de letrinhas e números. Mas me hipnotizava a boca do professor, ao observar como ela criava fundas cavernas nas bochechas ao pronunciar certas palavras, ditas em português italianado. O professor era um veterano da Segunda Grande Guerra. Tinha levado um tiro que lhe havia explodido o céu da boca, substituído por uma abóbada de platina. Falava aaaaaaalmoço, fachaaaaaada, cidaaaaaaade, cada letra produzindo um eco metálico ressoante. Quando ele sentia a classe entrando em torpor logarítmico, apelava para histórias acontecidas na aldeia dele, onde tinha vivido, ainda menino, com a mãe, na Calábria. Eu gostava desses momentos. Provoquei: "Professor, para que serve tanta matemática?". Ele deu uma bufada e resolveu contar. Sua região era de terremotos que desabavam as casas dos camponeses, rachavam as pontes. Mães com lenço na cabeça, desesperadas, segurando crianças mortas embrulhadas, imagens que rendiam boas fotos para a Reuters, na Life. Depois da guerra, deixado o exército fascista e já formado *ingegnere*, voltou à sua aldeia natal. Foi quando resolveu reforçar a casa da mãe contra os terremotos. Fez todos os cálculos em sua régua de marfim de elefante e "pusse umas corrente grossa dentro das parede". Os vizinhos pensavam: "Está louco." Mas o professor trabalhou com as próprias mãos puxando "as corrente" e ancorando tudo em caixas de cimento enterradas no fundo do chão. Escárnio, a casa até balançava se alguém empurrasse forte uma das paredes. Faziam piadas. Veio então o esperado terremoto, desses em que as pessoas saem desesperadamente de suas casas soterrantes e se jogam no chão das ruas. E o chão se abre, engolindo as ruas. O professor parou nessa lembrança, a boca aberta na antecipação de falar mais, sem fôlego.

Respirou, engasgado. Foi então até a janela e puxou a cortina, deixando passar claridade. Virou-se para nós, os olhos úmidos. "A única casa que ficou em pé foi a da minha mãe." Sentou-se na cadeira de professor, atrás da escrivaninha, desajeitadamente, como que tendo perdido o ar. Limpou o rosto, esquecendo que estava com o giz na mão e ficou com uma mancha branca no queixo. Silêncio, ninguém disse uma palavra. Ele suspirou e pegou a deixa, fingindo animação: "isso é para vocês entenderem a importância da matemática na vida das pessoas". E dá-lhe teorema. Já o padre das aulas de Religião não tinha régua de cálculo. Com ele, todos os problemas se resolviam pela Fé.

Se alguém fizesse uma pergunta que ele considerasse ofensiva à Fé, ele mandava o aluno já para fora da classe. Resmungando: "Heresia, heresia". Nesses tempos eu vivia mais tempo fora da classe do que dentro, sempre expulso da aula de Religião. A diretoria do colégio – os bons padres – também cultivava a caridade. Eles buscavam dinheiro para a Caixa Escolar. Para mim, pagar essas doações forçadas era uma dificuldade.

Eu não tinha dinheiro nem para comprar tênis branco. Nem o agasalho bordado da escola, para participar dos desfiles. Nem para fazer parte da banda que ia à frente, tocando e marchando. Não tinha uma Parker 51, que me havia sido prometida, caso passasse de ano e nunca presenteada. Calça branca com uma listra lateral, de alto a baixo, também era um item de luxo impossível. Então eu somente ia marchar com os outros alunos nos ensaios, nas ruas em torno do colégio. Mas no grande dia triunfal, o do Desfile da Independência, eu faltava, sempre fingia que tinha ficado doente. Não tinha dinheiro para o uniforme. Meu avô assinava então a Carteira Escolar, justificando a falta, por doença. Mas todos sabiam. Certa vez minha avó cismou de ela mesma assinar minha dispensa. Levou uns quinze minutos para desenhar seus três nomes, garatujando letras infantis e mordendo a língua, em desesperada tentativa de concentração.

O padre que recolhia as justificações abriu minha Carteira Escolar, olhou e na frente de toda a classe, perguntou: "Quem assinou isto aqui?". Seu tom era de sarcasmo, prenunciando que vinha um comentário depreciativo. Tentando desviar o assunto, interrompi: "É minha avó italiana, senhor". Ele, triunfante: "Italiana e analfabeta, não é?". A classe caiu de tanto rir da minha avó analfabeta, que teve de lavar roupa para fora para ganhar o pão, quando chegou a São Paulo, vinda da Sicília. Voltando à Caixa Escolar: com sacrifício ainda dava para pagar, se eu pudesse completar a quantia com passes escolares, de cor rosa. Eu sabia que me manter no Colégio era difícil para meus avós. Como tínhamos ficado tão pobres? É que meu *nonno* tinha matado o seu irmão dentro do escritório da *Light*, onde os dois trabalhavam. Essa história, sempre que conto, eu a faço um pouquinho diferente. Me sinto mal por essas manobras, porque sei que cada dia estou mais tomando partido do meu avô. Aconteceu assim. Ele e o irmão mais novo, também vindo da Itália, moravam juntos na mesma casa. O *nonno*, no emprego, era um exagero de pontualidade e dedicação. Mas o irmão, não. Era vagabundo, sua reputação fazia com que todos o olhassem de lado.

Um dia, o caçula se ressentiu pelo fato de o mais velho trazer uma noiva da Itália, para se casarem aqui. Portanto, ele teve que sair de casa, se mudar. Problemas corroíam a relação entre os irmãos. O caçula cada vez menos assíduo no emprego. E o *nonno* resolveu mandar embora o irmão, que era seu subordinado. Ele mesmo assinou a Carteira de Trabalho do outro, uma questão de honra. Mas entendida como humilhação pelo outro. Houve o enfrentamento, que ninguém testemunhou pessoalmente, dentro da sala da Diretoria. Meu avô deu um tiro na cara do irmão, a bala entrou pelo nariz adentro, se encostando no cérebro – ele levou quatro horas para morrer. Ninguém verdadeiramente pôde jurar sobre o que aconteceu. Meu avô foi para a cadeia enquanto se preparava o julgamento. E foi inocentado porque se descobriu um revólver Colt Cavalinho '32 no bolso do defunto. O juiz decidiu: legítima defesa. Já a Light, não perdoou. Meu avô, que tinha até moto e que era *ingegnere*, foi degredado. Agora sua função passou a ser puxar força e luz para cidades do interior paulista. Com o salário rebaixado. Se tivesse sido esperto, sabendo o roteiro das instalações, poderia ter comprado imóveis desvalorizados nas cidades de onde se aprochegava, para depois revendê-los vinte vezes mais caros. Ficaria milionário. Mas meu avô, coitado, era um homem honesto.

E também teve a tristeza, ele morreu com o irmão. Nunca mais levantou a cabeça. Mas voltando ao assunto Colégio. Além da Caixa para alunos pobres, tínhamos igualmente que contribuir para salvar os pagãos do inferno. Era a campanha de óbolos destinado às Missões. Cada aluno ganhava umas fichinhas amarelas de papelão com números impressos em quadradinhos. A ideia era sair andando pelas ruas, casas, que nem mendigo, pedindo às pessoas: "...dá um óbolo para as Missões?". Cada furinho que se fazia num quadradinho correspondia a uma determinada quantia fixa. Os meninos ricos orgulhosamente entregavam aos padres suas cartelas novinhas, pois seus pais furavam todos os números de uma vez, entregando ao Colégio o total devido. Eu não, eu tinha que batalhar. Certo dia, eu conseguira finalmente completar minhas cartelas, que estavam mulambentas e desbeiçadas de tanto frequentarem meus bolsos. Devidamente completas, felizmente, com todos os furinhos, bom mendigo que fui. E com o total das moedas correspondentes, contadinhas. Tocou a campainha do recreio. Fomos lá fora para o pátio e vi o padre encarregado das Missões. É preciso explicar que se você entregasse tudo direito, ganhava um santinho em cores mostrando a figura de um padre dando hóstia a um índio pelado e ajoelhado na frente dele. Meio escandaloso. Bom, eu ia ganhar um índio. Fui até o padre. E comecei a tirar as moedas dos bolsos, que estavam cheios delas. Um bolso, dois bolsos, desculpe padre, também tem no bolso da camisa... E ele, enfurecido, impaciente, deu uma bofetada em minha mão, ainda cheia de moedinhas. "Leva essa porcaria embora e me traz o dinheiro em notas, moleque." Virou as costas e saiu andando, passos duros, a batina negra se movendo, ondulada. As moedas se esparramaram.

O chão não era de cimento, mas de areia do campinho de futebol. E as moedas, muitas delas, se enterraram por ali.

Esbaforido, me abaixei humilhado pegando cada moeda espalhada e botando de volta no bolso. Todo mundo olhando. Comecei a chorar e isso só me prejudicou. Porque as lágrimas atrapalhavam ver onde as moedinhas tinham caído. Outro padre, este encarregado da Disciplina, ficou ali do lado, tudo olhando, sério, a boca selada em lábios finos. Esse da Disciplina era também um padre severo que, por vício profissional, nunca sorria. Ele tinha um chicote em seu olhar. Chegava-se perto de você e olhava. Olhos brilhantes, escuros, de oficial nazista de gibi. Aproximava-se até dois centímetros do seu rosto e falava dentro do teu ouvido, aquela pronúncia carregada de espanhol. Voz baixa, monocórdica, desinteressante, supinamente ameaçadora. Dava então para sentir na alma o chicote estalando. Doía sempre. Éramos trânsfugas, todos nós naquele colégio. Fugíamos dos padres, fugíamos das aulas, fugíamos das missas. Um *trailer* de nossas futuras vidas, das quais também fugiríamos, escondendo nossa crueldade com os disfarces da urbanidade, da negação, da covardia. Como bons católicos. Penso agora que esses padres me trouxeram uma bênção. Porque me ajudaram a melhor compreender, mais tarde, a história da inquisição, as cruzadas, o papado de mumificências, o cinismo das indulgências, a luxúria e depravação dos prelados na relação promíscua com os meninos do catecismo. Pedófilos calculados, sem remorsos, a piedade cristã não lhes dizia respeito. A Igreja usando a Cruz para o poder transitório, na busca de recompensas e prazeres terrenos, do poder e da sexualidade disfarçada. Agradeço. Os padres tinham feito um bom trabalho comigo, eu agora me transformara num herege, num ateu – porém, com Cristo no coração. Que Cristo? Era o Cristo pintado num quadro de moldura dourada, que ficava o ano todo guardado numa espécie de vitrine, num altar lateral da igreja de meu bairro, só saindo nos Dias Santos. A pintura mostrava-O sendo descido da Cruz e abraçado ternamente por Maria Madalena, rodeado de mulheres implorantes, o corpo Dele marcado por feridas e ainda com a coroa de espinhos. O Filho de Deus tinha o olhar esvaziado, tão grande a traição dos homens por quem se havia sacrificado. Nuvens inscritas no céu de nanquim podiam ser vistas correndo os céus, pretejadas pelo tamanho do pecado cometido contra o Salvador.

O padre da procissão, nos Dias Santos, levava o quadro nos braços, empunhando-o na direção dos fiéis nas calçadas, que então se persignavam em respeito, baixando suas cabeças submissas aos Mistérios de Deus. As carolas de véus de filó carregavam velas envolvidas em papel de seda vermelho e violeta-paixão, cantando: "Quere-mos Deus que é no-osso Reeeei, quere-mos De-us que é nosso Paaaai...". Cheiro forte de incenso, o turíbulo sacudido com brasa e esfumaçando, perdoai, ó Virgem. O coroinha, adornado com batina branca e bordados dourados, ia na frente da procissão com uma bandeira, cara falsamente sisuda de futuro padre, abrindo caminho enquanto outro batia uma castanhola de ferro na madeira, avisos do santo caminho do Senhor. É o Cristo da minha infância. E eu ainda sou uma criança católica.

HOJES

Tem dias que eu preferia
fosse amanhã.
De hoje não posso fugir
se aceito, se não aceito
é o fato, é o agora
é a verdade que se prova
sem precisar nada provar.
De hoje sei que o tempo
passa lento ou devagar
o relógio mentindo sem parar.
Se duvido, do que duvido
se não sei do que duvidar?
Será que o hoje existiria
sem o ontem chegar?
Como posso confiar
naquilo que vejo
se os meus próprios olhos
não foram eles a se fabricar?
Quem é, onde se esconde
aquele que tudo fez
e não quer se mostrar
e que tanto se mostra
me deixando cego
pelo tanto que me ponho a olhar?

36.
MENINO NERVOSINHO

Às vezes, quando criança, ficava em estado febril e catatônico quando tinha que me conformar com alguma ordem imposta pela minha avó. Nessas horas, irônica, ela costumava olhar, rindo de mim, enquanto eu tremia de onipotência onipotente: "Tá nervosinho, *bello*?", ela me perguntava ironicamente e isso genuinamente a divertia. E enquanto ria, ia batendo rápida e seguidamente com a lâmina de uma faca num nabo aberto até que aquilo virasse uma pasta branca.

E aí ela meio que comia, meio que chupava o nabo triturado. A dentadura escapando, às vezes, da boca. Comia e ria, tudo junto, puxando os dentes falsos a cada pausa para respiração. Num desses dias de incapacidade de comovê-la com minha tragédia infantil, resolvi arranhar o meu próprio rosto. Sei lá, acho que ela não queria me dar dinheiro para ir à matinê de cinema, uma coisa assim. Então fui unhando fundamente as minhas bochechas, raspando quase até o osso, observando a reação dela, que seguia impassível comendo o nabo. Sobravam carne e pele debaixo de minhas unhas, devia estar uma figura impressionante, ali, deformado com as lanhadas que me percorriam as bochechas, o sangue correndo e sujando a camisa branca de vermelho. E não chorei, igual a esses monges que se incendiavam, encharcados com gasolina, para protestar contra a guerra do Vietnã. Meu lado espectador, escondido dentro da histeria, observava atentamente as reações que tal automutilação iria produzir. E a *nonna*? Nem aí.

"Tá nervosinho, hein, *bello*?" Era assim que funcionava a *nonna*, que sabia distinguir o que era realmente importante. Um pedaço de carne de músculo para dar gosto à sopa, comprado em fim de feira, para engrossar o minestrone? Isso era importante. Caules de vegetais e folhas de verduras descoloridas que os feirantes botavam fora por uma ninharia, antes de jogar no lixo? Importante. A sagrada minestra. Uma tricotação com restos de todos os novelos de lã, fazendo para você uma malha espalhafatosa, ridícula, mas que protegia do frio? Importante. Ela costumava repetir um ditado: "*Faccia caldo e lascia ride.*" Não tínhamos geladeira, em casa, que veio anos depois.

Mas podiam-se pescar pedaços de carne de porco defumado de dentro do latão de banha escondido em cima do guarda-comida. Roubar um pedaço dava vinte anos de cadeia, pois aquilo tinha que sobrar para fazer o feijão com arroz de toda a família. Valia o risco. Ter o dinheiro justo para o passe de bonde que eu pegava às 7h15 para ir à escola, mesmo que me faltasse tênis branco – isso era importante. Esse era o Manual de Sobrevivência dos imigrantes pobres da Itália deixada no Antigo Continente, *in quel piccolo paese*. Valia como uma Bíblia. Ou a Torá dos judeus de solidéu em suas lojinhas do Bom Retiro.

O Alcorão dos pequenos negociantes de armarinho e tecidos da 25 de Março.

Nós todos sabíamos distinguir claramente o que era importante. Mas me incomodava, dava inveja de ver os outros meninos, grã-fininhos, os que não precisavam de nenhum Manual.

Que podiam ter tudo, inclusive meia-entrada para a matinê no domingo, com o Zorro e seu cavalo branco. Cresci, mudei, fiz minha vida. Outro dia, estacionando o carro numa rua perto do cemitério da Consolação, para comprar flores, fui abordado por um homem velho, uma enormidade de obesidade mórbida, pernas inchadas, sem dentes, "pode encostar doutor, deixa que eu tomo conta". Reparei no seu rosto, era o Nonô. Ele jogava no gol do nosso time de futebol de rua, posição que ninguém queria. O Nonô não me reconheceu e eu fiz de conta que não o conhecia, deixei para expressar a minha simpatia pela má sorte dele, depois, na hora de lhe dar a caixinha. A mulher que estava comigo começou a abrir a porta, que ele segurou galantemente, só para olhar aquelas pernas saindo lá de dentro, saia no meio das coxas e *profumo di femmina*.

O Nonô costumava ser meu escravo, tempos no passado, quando éramos crianças. Quando eu peidava, dizia sério para ele: "Nonô, vem cheirar para ver se eu peidei, não tenho certeza". Ele vinha, cheirava e saía reclamando, "porra, peidou, puta que pariu". Era muito engraçado. Eu também mandava ele segurar uma tampinha de cerveja a dez passos, na ponta dos dedos, e disparava com minha espingarda de pressão Daisy, balinha BB, para ver se arrancava aquele alvo de sua mão. Quando eu errava o tiro, era um perereco, a mão dele ficava roxa, encaroçada. E eu não lhe permitia lamentações, "deixa de frescuras, seu porra". O Nonô era meu ladrão, eu o mandava roubar chocolate Diamante Negro para mim, na mercearia da nossa rua. O problema do Nonô é que ele tinha sido diagnosticado em criança como portador de um coração defeituoso, doença que os médicos tinham decretado como irreversível. Ele podia durar tanto seis semanas como seis meses. Por aí. Sentenciado fatalmente, sua família resolveu tirá-lo da escola. Se ele ia morrer, mesmo, para que sacrificar o garoto?

Então, podia-se ver o Nonô a qualquer hora do dia sempre vadiando pelas ruas, sem nada para fazer. Era um privilegiado, pensávamos nós, que tínhamos horários, obrigações, lições de casa. O tempo passava e o Nonô não morria. Ele ganhou um buço escuro, espinhas, ficou parrudinho. Até o tio dele estava ficando desapontado com a situação. Foi o que ele me contou, numa tarde, confidencialmente, depois de me dar uma aula de *fox-trot*. Explico: a casa da família do Nonô e seu tio tinha virado um negócio de danças. Haviam retirado umas paredes e arrumado o chão com tábuas lisas, tratadas com cera Parquetina. Ficou um salão de tamanho considerável. Uma vitrola, discos 78 cuidadosamente empilhados, uma cadeirinha e pronto. A placa pendurada no portão avisava: "Aulas de dança de salão, Professor Armandinho." Minha avó tinha cismado que aprender a dançar seria um *plus* na minha vida social e lá estava eu.

A aula do professor Armandinho era assim: eu chegava lá e ele, sem me dizer uma palavra, botava na vitrola um disco, que podia ser um samba, rumba, chá-chá-chá, tango, *fox-trot*, depende. E tirava-me para dançar, ele fazendo a dama. Uma dama peculiar, pois o Armandinho normalmente não se dava ao trabalho de vestir calças, o que seria o natural. Como trabalhava em casa, ficava de roupão, mesmo. Sapatos pretos de bico fino, meias brancas sociais, roupão branco amarrado na cintura com um cordão, cuecão que às vezes se deixava entrever, bigodinho aparado e uma redinha para não despentear o cabelo. Cheirava loção barata, de farmácia. O máximo que eu o ouvia falar no meu ouvido era "dois para a esquerda... um para a direita". E quando o relógio marcava o fim da hora de dança, ele me levava até o portão gradeado de ferro e despedia-se obsequiosamente me desejando boa-tarde e apertando minha mão. Num dia de rara confidência, ele me declarou, sincero, que a situação do Nonô era um absurdo, que o tempo do sobrinho, afinal, já tinha se passado, ele precisava já ter morrido. Não concordei nem discordei. Considerado um futuro defunto, já tinham até comprado para ele um túmulo no Cemitério da Quarta Parada, que era mais barato. Nonô me contou que, num certo domingo, levaram-no de bonde, dois diferentes bondes, aliás, para conhecer sua futura residência. Havia ficado sinceramente chateado com o passeio. Resolveram também que não adiantava gastar dinheiro tratando os dentes do Nonô. Ele usava roupas velhas do tio Armandinho, pois estava cada vez mais crescidinho. O Nonô ia envelhecendo analfabeto, com os dentes cheios de cáries, e andava aos mulambos. Mas não parecia que o Nonô fosse infeliz. Ele aceitava tudo. Um santo, sentenciava sua velha tia carola, vestida de preto. Todo esse *curriculum*, de tantas páginas, lhe havia rendido, agora, ficar tomando conta de carro na rua. Tive vontade de falar com o Nonô, mas vê-lo assim abandonado, boca banguela, as pernas arrastando, me tirou o ânimo. Aliás, falar o quê? Soube que acabou sumindo depois, acho que deve ter morrido ou de cirrose, ou de briga de faca assassinado por trombadinhas. Pobre Nonô – a verdade, mesmo, é que ele nunca teve nenhum direito. Eu, sim, fui buscar os meus. Eu sempre reclamei. Talvez um pouco demais.

Outro dia, me surpreendi buzinando impaciente na frente do hospital que atende soropositivos, ali perto do Trianon e havia uns carros que atravancavam a rua, desembarcando doentes. Pensei, compassivo: "Vai, aidético... Mas tira logo essa merda de carro da minha frente. Tua pressa não vai te adiantar nada, mesmo...". Também fiz piada nos corredores do shopping, ao ver gente manejando canhestramente as suas cadeiras de rodas. "Ói só, está treinando para a Fórmula 1..." Reações nervosas, eu ver gente tão sem sorte mexe com minha cabeça. Me deprime, descontrola, falo besteira. A sorte, Nonô, é igual chuva, que às vezes molha só um lado da rua, deixando a calçada do outro lado sequinha, sem explicação. Do teu lado da calçada não choveu, só isso. Tais os mistérios da meteorologia. Às vezes, em noites de insônia, fico vendo leilão de gado, na TV. Um locutor fala rápido, pedindo lances, os bois passeiam na passarela, conduzidos por uma argola no nariz, fungando.

E nas mesas redondas, assistindo ao leilão, homens também redondos tomam *whisky* com suas mulheres botoxadas, há um ar de posse, domínio inconsequente nas risadas dos ricaços que ganharam grana com os trampos da política, os prefeitos venais, os fiscais comprados, empréstimos rurais nunca pagos, *lobbies* milionários, notas frias, as putinhas adolescentes nos prostíbulos interioranos, cheiro de pneu queimado e óleo diesel, sombras da noite no posto da estrada todo iluminado, caminhões dormindo em fila. Esses são os caras que mandam, os que tiveram sorte. Pelo menos eles acham isso. E você, Nonô, que só deu azar? Para onde foi você? Porque eu acho, meu velho, que agora chegou a minha vez de cheirar o teu peido.

LSD

Lá fora o céu se revira
e desvira
em Picassos azuis
de LSD.
Figuras de Chagal
se penduram
em trapézios soltos.
Van Gogh faz tardes
de amarelo-brilhante
tintas revoluteadas
vibram pelas janelas
luz iluminando
cegando cegante.
Respiro tremente
respiro ofegante.
De ponta cabeça
vejo impressionista
olhando de lado
estou cubista.
Sei que posso
com minha mão
o céu do céu arrancar
sem nem o braço esticar.
Mas – e se lá
tiver demônios
querendo me levar?
Bosch me vigia
lá das alturas
mostrando torturas.
Amortalhado
sigo em pesadelo
estou já do outro lado.

37.
BAD TRIP

Não vou falar o nome do cara. Afasta essa tentação de mim, satanás. Vamos chamar o indivíduo de Diretor. Ele se acha, e muitos outros concordam que se trata de um bom diretor de teatro. Especialidade dele: chocar o mundo com sua afetação e gestos largos, que reforçam tiradas cheias de verborragia irrelevante, palavrório surrealista que não substitui ideias originais, interessantes. O Diretor envelheceu mal. Mas teve a sorte de não pegar Aids e isso é um mérito. Especializou-se, vida afora, em jovens talentos. Rapazes e moças da periferia ou vindos do interior, uma meninada ávida para fruir A Mística do Teatro. Na República Popular da China, o Diretor já teria sido há muito tempo julgado por crimes de perversão sexual e desencaminhamento de menores. Bala na nuca e os órgãos entregues para doação. Mas aqui, ser pederasta rende imagem de intelectual. Como se o uso do buraco do cu para fins de esfregações sexuais favorecesse ideias superiores, refinando a sensibilidade. Para mim, isso dá é hemorroidas, que se amenizam com pomada e se curam com cirurgia. Se escapar da Aids. Diretor, eu te vejo lá naquele apartamento onde você morava. As paredes da sala sujas, pichadas com *spray*. Grafites vermelhos de gargantas fundas, pelos eriçados em cabeças carecas, *punk*. Cruzes, símbolos fálicos.

Está me acompanhando, Diretor? Tudo *dark*, cheiro de merda das latrinas mal lavadas. Toalhas azedas eternamente úmidas, que nunca viram sol. Na geladeira, vodca barata. Eu namorava então uma de tuas atrizes, ia sempre buscá-la depois do espetáculo, de moto. Foi assim que nos conhecemos, você e eu. Naquela noite particular, fomos lá visitar tua cabeça de porco, por insistência dela. Ainda outro dia eu te revi na TV, tua fala grandiloquente, a mesma gesticulação datada, as mesmas entonações. Num estouro de sorriso-mocinha, você abria a boca, dramático, esperando a deixa, pontuando a pausa, vaselinamente. Triste fanchona circense. Os cabelos que te faltam, você exagera em outras partes, os cabelos formatados em estilo profeta. Fiquei meio compadecido. Mas eu também, vai ver que piorei muito. Então,

Diretor? Nós, hoje, podíamos até nos encostar um no outro e ficar conversando sobre a decadência. A decadência, Diretor, a odontológica, a moral, a espiritual, a estética, o caralho. Naquela noite antiga, você me deu uma bola de LSD.

E uma para a minha namorada. Filosofávamos, quando o espelho da sala me mostrou a figura de um sujeito meio conhecido por mim, com fundas olheiras, tão assustado como eu. *You talking to me? You talking to me?* Puro De Niro. Mas aí as paredes começaram a se mexer. Espalmei forte uma delas, para trás, a fim de garantir que ela não cairia sobre minha cabeça.

Uma onda eletromagnética saiu dos meus dedos, em fagulhas de néon. Ri, estonteado. Tua cabeça, Diretor, dela protuberavam chifres onde não tinha nada, nem cabelos, um instante antes. Fechei os olhos num espasmo de energia psicodélica, que variava em direções improváveis. Um resto de mim reconheceu que eu tinha decolado de mim mesmo. Você, viciado em tais procedimentos, parecia estar achando tudo isso muito divertido, me conferindo detalhadamente. Olhinhos de cobra com cílios postiços. Virei um Muhammad, abraçado forte por São Gabriel, no Ramadã. Quis resistir à loucura. Igual ao Profeta, para onde eu olhasse, só via a descomunal figura de São Gabriel, tomando o mundo todo, indo além das mais longínquas montanhas, depois da fronteira dos prédios, até o horizonte. Naquela minha hora de Muhammad, você me exauria centelhas de sobrevivência. Um polvo sugador, demoníaco. Minha fé é que um dia ainda vão te servir aos pedaços, numa frigideira quente, canibalisticamente. Você, Diretor, cortado e frito, à provençal. Levantei. Deixei a moça tijolada, encolhida num sofá, arregalada, abri a porta, tropeçando e fui andar pelas ruas. Passei a noite assim. Entrei na Estação da Luz, os trens eram humanos em seu cansaço, exsudando impotência por não poderem sair dos trilhos paralelos. Fui a botecos miseráveis, os outros me olhando com olhos de pires, descolados das cavidades ósseas, estranhados. Fui andando pelas bocas da prostituição, distribuindo dinheiro, querendo proteger essas tristes aves de michê. Obrigado, meu bem, Deus te pague de volta, em dobro, meu amor. Cinemas pornô, assembleias de Deus, devotos brandindo bíblias, aríetes contra o pecado. Luzes deformantes, carrocinhas de pipoca sem cheiro, estouros de milho sufocados dentro das panelas. Câmaras de gás, agonia sem gritos, Auschwitz.

Já de manhã, consegui achar um cartão de visitas no bolso de meu paletó, com meu nome e endereço, que li letra por letra, boca selada, dentes trincados, a um taxista que me levou para casa.

Meus meninos, conduzidos pela empregada, já estavam no portão do prédio, esperando o ônibus escolar. Ficaram me encarando, sem compreender, mudos. Lá em cima, minha mulher estava um trapo, depois de me esperar a noite inteira. Me joguei de borco no assoalho, com medo de ser arrebatado pela janela aberta. Tentei me firmar enfiando as unhas nas frestas do chão de madeira, o suicídio me puxando para fora. As janelas eram abismos que falavam comigo palavras gentis e pessimistas. Pedi um médico. Que acabou vindo me ajudar, era um velho amigo, psiquiatra. Socorro! Socorro, me dá uma glicose na veia, me tira disto! Mas o Doutor Psiquiatra preferiu adiar a hora da injeção libertadora. Sem levar em conta minha angústia desgraçada, ele quis aproveitar da oportunidade para investigar os tais espaços escondidos dentro da minha alma, os inacessíveis, inconfessáveis, que seriam eventualmente dessacralizados pelo LSD. Curiosidade típica de legista em plantão noturno no IML, em noite solitária, sem ocorrências, bisturi na mão. Recusei responder às suas perguntas insinuantes, resisti aos seus jogos de persuasão até que ele finalmente me agulhou. Sai depressa da *bad trip*.

E meu amigo médico, naquele dia especial, também saiu da minha vida, para sempre. Jamais lhe perdoei a intrusão traiçoeira. Viu, Diretor? Também nunca te perdoei pelo Sunshine turbinado que você insistiu em me dar. Mas não foram tudo perdas. Nunca mais peguei droga. E você, pelo que vejo, continua na droga de sempre. Não gosto de você, Diretor, se ainda te falta esse entendimento. E peço a Deus, rogo, que um dia me livre desse ódio indesculpável.

Não sei

Se sou nada
como saber
que nada sou?
E se só sei
ao me ver sendo
então eu sou?
Mas se eu sei
que sou
então nada sei
nem nada sou.
Ou talvez saiba
que não sou
e que sou
mesmo sem saber.

38.
O CAVALO

Mal consegui vê-lo, no lusco-fusco do dia que já se ia embora e a noite que se apossava depressa de todos os cantos da estrada com suas escuridões. Vinha de um fim de semana em Cabo Frio, fileiras de carros domingueiros. Depois de uma curva, vejo um ônibus parado na beira da estrada, faróis baixos acesos, todo mundo fora. Estaciono com cuidado, para evitar que alguém me bata por trás. Desci e fui ver. Parecia uma missa. Pessoas rezando, algumas chorando. Um desastre, pensei, morreu alguém. Cheguei mais perto, pode ser que houvesse alguém ferido. Abri a roda de pessoas amontoadas e pude ver, primeiro um vulto e depois com certeza. Era um cavalo, deitado de lado na pista do acostamento. Por que não o espantavam, com ele ali naquela posição de acostamento, perigosa para o tráfego? Me explicaram: o cavalo tinha sido atropelado pelo ônibus. Uma perna da frente dele tinha sido arrancada. Cheguei mais perto. Verdade, um osso grande, estilhaçado, saía de dentro de um buraco de carne. Vou sacrificar o animal, pensei sem pensar. Busquei no carro meu revólver S&W Magnum 357, modelo 27, 6 polegadas, bala com ponta oca. Meu preferido, se algum dia enfrentasse um tiroteio, queria ter aquela peça antiga e confiável agarrada em minha mão. Mandei abrirem espaço, senti que precisava ser autoritário no meio de tanta depressão lamentativa. Fui me chegando com a pesada arma na mão. Gritei para todos se afastarem que eu iria atirar. Só alguns entenderam minha ordem no meio da balbúrdia e se afastaram, atabalhoados. Poucos permaneceram no caminho das balas. Gritei outra vez e me esqueci deles, agora rompia espaço, decidido, na direção do moribundo. Quando cheguei, o cavalo virou a cabeça e me encarou, assustado. Ele sabia. Levantou-se nas três pernas, tentando fugir. Dei o primeiro tiro no meio do seu peito. O estampido foi terrível, um metro de chama fulgurante saiu de dentro do cano, a retranca da arma fez subir a minha mão, num baque. O cavalo, resistiu, hesitando. As pessoas agora corriam. Grunhidos de estupor na massa de gente indistinguível. Tenho que acabar logo com essa merda. Apertei o gatilho outra vez. E o cavalo, ainda de pé, atingido com um segundo disparo no peito. Quieto, ainda me olhando. Olhos grandes, falando comigo, pedindo mercê. Procurei o coração, deliberado, outro tiro.

Nada, só o baque das balas arrebentando os ossos do bicho, se enterrando dentro da carne. E aí, num gesto delicado, ele deitou-se de lado, meneando a cabeça para cima e para baixo, aquele longo e encurvado pescoço de cavalo. Eu não conseguia nem mais ver nada, estava focado, cego no animal. Mais dois disparos, em sequência, mirados na cabeça. Um último e o tambor do revólver ficou vazio. A criatura se aquietou. Não dava para ver nenhum sangue, ali no escuro.

E eu estava surdo por causa das explosões, o mundo inteiro zunindo.

O cavalo então deitou sua cabeça no chão, pousadamente estrebuchando seus ruídos finais. Acabou. Alguém decidiu puxar o corpo, outros ajudaram, cada perna numa direção. Eu fiquei ali, tremendo. A sombra do cavalo morto já me havia envolvido como neblina. Voltei para o carro, sufocado, dolorido. Estercei o volante devagar e me fui dali. Naquele momento senti que já estava transmudado no cavalo, naquele mesmo instante em que ele abriu os olhos e me viu chegando, condutor da morte. Ele faria o mesmo por mim, tenho absoluta certeza. Eu me vi pelos olhos do cavalo, um homem armado vindo em minha direção, eu sentia pavor. Me refiz um pouco, justificando o assassinato como uma boa ação. Por que esta minha sensibilidade doentia, esse jeito mórbido de lidar com a justa eutanásia de um cavalo terminal? Fazem isso nos hospitais, de madrugada, injeções de morfina para os moribundos, que depois param de gemer, a boca babando, a dentadura escorregadia. E a família se odiando em remorsos por ter decretado secretamente a morte piedosa daquela pessoa terminal.

No meu caso, era só um cavalo. Ou era só eu. Cheguei em casa e abri uma conversação séria com minha mulher: "Olha, se um dia eu ficar muito doente, vamos fazer uma combinação?...". Ela, sem hesitar: "Não, não me peça, eu não vou, de jeito nenhum, não vou permitir que te façam eutanásia, fora de questão", ela já disse pressentindo o que eu lhe iria pedir. "Nunca, nem pensar, é contra minhas crenças. Por favor." Desisti de argumentar. Eu e meu cavalo subimos então para o quarto. Tirei o S&W do coldre e coloquei balas novas, reluzentes. Rodei o tambor aberto para ter certeza de que estava cheio. Fechei, *click*. Pressionei a boca do cano contra minha têmpora, forte. Um ensaio. Talvez precisasse usar aquilo em mim, algum dia. Talvez até mesmo naquela noite, pensei. Besteira. Precipitação, estou meio histérico. Minha mulher, lá da cama: "Por que você não dá uma deitadinha no sofá e lê alguma coisa? É bom para relaxar. Quer um chá calmante? Um Rivotril?". Não respondo, é desnecessário. Abro ao acaso um livro que explica como eram as andanças da ciência nos tempos antigos dos árabes. Leio, leio. Mudo de livro, Einstein para tolos, *dumbs*. Ela: "Que você está resmungando?". Eu: "É que acabei de ler esta maldita teoria da relatividade pela quarta vez. No instante em que leio, compreendo perfeitamente. Mas no instante seguinte, descompreendo tudo". Interessante. Isso podia ser o resumo exato de minha vida. Ela ri, pensa que estou fazendo graça. Não me vê cavalo sem uma perna, incapaz de se levantar e encarar a teoria da relatividade nos olhos. Minha caixa cerebral está queimando.

Sinto que a cada segundo as nossas informações e pensamentos vão sendo substituídos por uma tonelagem de irrelevâncias, teoricamente inúteis. Nunca se sabe. Esse é o jeito de estar vivo, alerta. Mas tem coisas demais acontecendo no mundo. "Onde você deixou o comando da TV?", ela quer saber. Sei lá, sei lá, respondo preguiçoso, porém sem tirar nenhum som da minha boca. Talvez haja um truque atrás dessa necessidade de saber tantas coisas. Vai ver que Deus, ao criar o homem, lhe deu, de propósito, apenas uns poucos anos para viver. E um *software* fraquinho. Sabendo que é impossível passar a experimentação existencial de geração para geração, só DNA, ele obriga a humanidade a reiniciar o programa cada vez, voltando sempre para o zero. Assim Ele se assegura de que a humanidade nunca vai evoluir além de um determinado estágio. E, quando então se morre, nossa sabedoria já fica cancelada, irremediavelmente. Depois, cada geração se repete e repete arranjando suas palavras para dizer as mesmas coisas. Ele assim se protege da voltagem de nossa inteligência. Imagine se pudéssemos viver quinhentos anos, mil anos, lúcidos. Ou dez mil anos. Mais, mais, digamos cem mil anos. Um milhão. Sabe-se lá o quanto isso ajudaria a atilar nossa intuição, permitindo que pudéssemos melhor compreendê-Lo, identificá-Lo. Imagine se pudéssemos nos lembrar claramente do tempo em que os dinossauros se transformaram em pássaros. E nós, seres humanos? Poderíamos voar, também? Ir de galáxia em galáxia especulando os mil *Big Bangs* que já devem ter acontecido? Imagine guardar as imagens da Terra enevoada em cinzas, épocas glaciais causadas por meteoritos com a mensagem divina "Está acabado". Memória dos vulcões queimantes vomitando para expressar a vontade de Deus, por meio do magma fervente. As descargas nucleares, queria a lembrança delas, aquelas que já devem ter acontecido alguma vez, em algum lugar, quando se reiniciou este último ciclo de tudo, outra vez. Mas Ele não nos quer compreendendo, nem sequer deixa que saibamos se existe ou não.

O código postal de Deus só é conhecido por Ele mesmo. Se Ele quisesse, poderia talvez nos conceder a suprema Graça de permitir que pelo menos aprendêssemos um pouco, para não repetir sempre os mesmos erros, enganos, velhas guerras com novas armas. Vivemos em danação. Nem entendemos o Grande, nem o Pequeno. Mas não vou ficar sofrendo pelas adivinhações que Ele nos obriga a fazer, especulando perguntas sem respostas. Fecho o livro que eu estava lendo, e ponho em cima da mesinha ao lado do sofá. Apago a luz, resignado, aceito meus limites. No agora escuro, começo a enxergar os contornos dos móveis, a suave madrugada que se arma lá fora. As estrelas devem já ter ido embora, mas elas nunca deixam de voltar. Se encarnação existe, quem sabe voltarei para entender, na próxima vez, aquela teoria da relatividade de Einstein. Ou então retorno como cavalo que aprendeu a nunca mais atravessar a estrada distraidamente. Opções interessantes, ambas.

COBRAS

Me rodavam pelos braços
rodando até
eu não mais poder falar.
Me faziam tantas cócegas
que de tanto rir
nem mais podia soluçar.
Me lançavam para o alto
até meu corpo
deixar de existir.
Eu ria quando chorava
e chorava quando ria.
Um poço no jardim
disfarçado
me convidava em murmúrios
para eu lá me jogar
inocente.
E eu só dormia
dentro de uma caixa preta
cheia de cobras pretas.
Não me movia.
E todas as noites morria
sem mãe.

39.
SURPRESA NO COLÉGIO

Saí do colégio correndo, ofegante, suarento. Ia com a cabeça voando e de repente me vi agarrado. Era uma mulher belíssima, que me abraçava estreitamente, fiquei sem poder me mover. E vieram os beijos, murmúrios dentro de minha orelha, "meu filho, meu filho". Senti o vestido de seda, justo, colante, marcando as ondulações do seu corpo. Sapatos vermelhos de salto alto. Sobrancelhas arrancadas e riscadas por cima. Olhos verdes, claros e perquiridores. Batom carmesim nos lábios estreitos, desbordando os limites. Como pude ver tanta coisa, tão depressa? Ela me chamava de filho. Será que era a mamãe? Minha mãe? Minha mãe sumida? Eu já não a via faz... quantos anos? Dez anos, talvez mais. Quinze. Lembranças, nenhumas, falando a verdade. Minha mãe, pensei pacificado. E aconteceu nesse instante uma vergonha inacreditável: fiquei de pau duro. Devia ser o perfume dela, a quentura do seu corpo, a seda cheirosa, sei lá. Puxei meu quadril para trás, pedi a Deus que ela não tivesse percebido. E para compensar, exagerei na minha alegria, falsamente. Minha mãe. Tudo nela, qualquer gesto, palavra ou atitude, tudo acontecia de maneira nervosa, incompreensível. Me lembro de pedaços de coisas, um rosto, uma situação. Mas não as palavras. Me lembro agora das cartas que depois eu lhe escrevia nas férias, cartas de adolescente complicado. Que ela respondia com sua letra redondinha em páginas de papelaria, com ilustração de buquês de flores, fitas em laços complicados e que começavam com a frase "Folgo em saber que você se encontra bem..." Sobre meus assuntos, nada. Mãe simplista, mãe minimalista ou mãe que não sabia sobre o que escrever? Eu tinha mãe, mas não correspondência epistolar. Estava só.

Nunca a perdoaria por ela não haver se casado comigo. Anos se passaram, cortina de tempo. Ela morreu, um dia.

Soube que tinha tido um problema no coração, um ataque. Peguei o primeiro avião. O médico havia recomendado que ela não se movesse do lugar. Ela obedeceu, não se mexeu, se esticando no sofá mais próximo de onde tinha sofrido o problema coronário. Curioso, seu desencaminhamento cardiológico foi igual ao do meu pai. E depois do meu. Por mais que minha mãe tivesse ficado quieta, as cortinas abaixadas, o faro da morte localizou-a além das cidades, dos campos, dos rios, ela fechada dentro da casa, tão camuflada, tão escondida ela estava.

Nem piscava, para não se arriscar a piscar pela última vez. Fui vê-la. Naquela vez ela não veio à porta para me abraçar dizendo: "Oi, filho". Já estava deitada dentro do caixão, só o rosto e as mãos postas sobressaíam na balbúrdia das flores precariamente arrumadas em cima do corpo, igual ao meu pai, igual ao meu amigo Harry. Vai ser igual comigo. Na normalidade das mortes normais, vou embora igual a eles. Chegavam primos, primas, sobrinhos. Meus irmãos ficaram rodando por ali, tomando providências, os olhos avermelhados. Mas parecia uma festa, era uma festa. O velório acontecia na sala de jantar, onde minha mãe, deitada, fazia a anfitriã. Agora pousou a noite. As pessoas vinham e passavam a mão nos cabelos dela, com solenidade mansa. Uma prece dita em voz sussurrada. Eu, eu não sei o que sinto. Estou guardando o choro para a hora do enterro, daí sim. Cessam os cumprimentos fúnebres, os estranhos à família foram todos embora. Sentamo-nos nas cadeiras, sofás ou no chão da outra sala, pernas cruzadas, quase clima de *rave*. Falta bebida e um violão. Alguém se dispõe a buscar. Uma caixa, duas caixas de cerveja gelada. Aparece um violão. Primeiro, um dedilhar suave, respeitoso. Depois, "Chão de estrelas". Todos cantam, quem não sabe a letra, improvisa. Estamos felizes. "Vai mais um pouco de cerveja? Passa para o primo, por favor." Começa Noel Rosa. No caixão mal iluminado e solitário, ali ao lado, minha mãe ouve. Ela também deve estar cantando com os lábios fechados, *sotto voce*. Mais cerveja, nos abraçamos, acho que estamos todos aliviados. Foi minha mãe que morreu, chamavam ela de Nega, apelido para os íntimos, a Nega é que se foi e não algum de nós. Nos perguntávamos, de vez em quando: "Os vizinhos vão pensar o quê, ouvindo tanta cantoria? Desrespeito aos mortos? Com a própria mãe?". Ríamos. "Não, a Nega era uma boêmia, garanto que ela está adorando."

É isso, a Nega não ia se incomodar, ela gostava de alegria, de festa. Não – a mamãe estava feliz. Só um pouco cansada, talvez.

Como havia prometido, chorei no tempo apropriado, quando ela foi trancada dentro do caixão. Se eu senti a morte dela? Não. Na hora, não. Depois é que veio a ressaca da ausência. Tive então que me conformar com as minhas próprias lembranças. Se frações de memória do que sobrou dela pudessem ser pintadas em quadros, daria para encher o Guggenheim, o Metropolitan, o Louvre. Mas meu próprio museu particular, dentro da minha cabeça, está sujo e decadente, sem mérito para obras-primas. Enquanto espero os retratos de Alzheimer ou de Parkinson, meus corredores se despedaçam, erodidos.

Outras pilhas de quadros soçobram à umidade, jogados por ali, dissolvidos de suas cores. Escuros intermitentes, fagulhas de raios iluminados, sem trovões. Mamãe, fica bem. Chego logo, não demora, estou me aprontando para ir te visitar.

SINAIS

Que tinteiro
contém as palavras
que ainda não escrevi?
Minhas reticências
repetentes
são linhas pontilhadas
de dúvidas.
Vivo no espanto
de exclamações fingidas
cacos de risada forçada
depois dela terminada.
Meus dois pontos
depois de escritos
confessam envergonhados
que nada têm a declarar.
Rodo a vida
escorregando recorrente
por zeros redondos.
Quero escrever
pautas disciplinadas
mas minhas linhas retas
acabam em precipícios
ao faltar um ponto final.
Remorsos antigos
sufocam entre parênteses
apertando-se estreitos
em letras pequenininhas
tantas.
Em que interrogação
em que parágrafo me perdi?

40.
HAROLDO

Ele foi um antigo apresentador de TV, numa emissora que nem existe mais. Nas últimas vezes que o encontrei foi no Morte Lenta, um boteco escroto. Esse nome era uma homenagem às coxinhas gordurosas e aos pastéis de borracha que ficavam horas e horas à mostra no balcão. Comer aquilo era risco de vida. Haroldo passava horas encostado no balcão daquele frege. Eu ia lá às vezes para tomar uma média e, quando o via, ficava rodeando disfarçadamente só para ouvi-lo conversar com outros decaídos, que não interrompiam seu discurso. Uma vez, eu o ouvi dizendo "...eles quiseram tirar o ar de minha boca e... e...". Em seus anos de esplendor, o Haroldo frequentara, voz nasalada, a maioria dos aparelhos de televisão ovalados da cidade, com suas antenas espetadas em V em cima das TVs. Ele provavelmente nem notava meu interesse por ele. Olhos árabes de grandes olheiras escuras, pálpebras inferiores despencadas, nariz curvado descendo sobre o bigode, Haroldo deixava passar a expressão desprotegida de um aposentado empurrado à morte, contra a sua vontade. Eu me comovia. Falando a verdade: eu me assustava. Porque o Haroldo era então o que eu nunca quereria ser. Por toda a minha vida, pelo resto da vida, eu achava que sempre iria para o futuro, repetindo a expectativa de ter um amanhã, um depois outro e mais outro amanhã, infinitamente, gloriosamente. E o Haroldo, que só tinha o passado? Onde estará o Haroldo, agora?

Muitos anos se foram e ele hoje certamente estará deitado no Consolação, no São Paulo, ou no Araçá. Nesses cemitérios tradicionais da cidade, as ruas e alamedas definem a importância de cada defunto. Tem o lado dos ricos, com imensos túmulos gongóricos, em aleias amplas.

O do Haroldo deve ser modesto, talvez num lugar mais para os fundos, destinado à classe média. Que tem o Haroldo a ver com minha vida? Nada.

Mas agora, que cismo em recolher restos das minhas lembranças, nessa peneiragem vem junto o Haroldo. Nem discuto o critério dessas memórias extemporâneas, que acontecem fora do meu controle. Se elas ficaram teimosamente no fundo da minha cabeça, tudo bem, dou por contado, se estão lá é porque são importantes. Sobra tanta coisa no meu lixo para jogar fora: latas amassadas com um pouco de Coca-Cola dentro, cadeiras sem estofado, batatas fritas com um bife quase inteiro, uma quentinha mal fechada. Coisas todas que vou encontrando, escondidas em cada canto da memória. E lembranças de pessoas, que ocupam quase todo o espaço.

Sei perfeitamente que preciso colocar tudo em seus devidos lugares. Fazer um levantamento do que sobrou e de quem sobrou, como um bibliotecário atento. Aqui na letra A vou guardar Amores, Aventuras, Angústias... Na letra B vão ficar as Besteiras, as Burrices... indo assim até o fim do abecedário. Mas não posso armazenar tudo, tem que haver um critério para julgar a importância de cada item. E aí me perco. Na letra E tem a pasta de Empatias. Tive muitas empatias desarrazoadas, que me levaram para a letra A, de Amores e que descambaram para a letra D, de Decepções. Que por sua vez quase terminaram em S, de Suicídio, vontade que muitas vezes tive por ter me deixado navegar distraído pelas empatias, descambando descuidadamente para amizades perdidas, onde fui tantas vezes enganado. E aportando fatalmente no C, das culpas, muitas páginas de culpas. Então que faço? Jogo fora a pasta E, de empatias só porque ela me levou para a pasta D, de decepções? Mas uma letra sempre puxa outra e nunca dá para saber a importância de cada uma. Deixar todas as pastas, sem definir prioridades? Daí nada fica relevante, vira tudo uma planura desértica, sem montanhas, abismos, cordilheiras, oceanos. Não, não quero me tornar um indiferente, um niilista. Prefiro ser um trator Caterpillar, enlouquecido, nivelando tudo. Ou vamos arrumar essa geografia assim, deixa tudo amontoado e eu fico passando a minha vida revirando coisas ao acaso.

Então é isso, a sorte é que definirá os meus caminhos da memória.

E aquela negra americana que conheci em Buffalo, a que cantava *jazz* num bar e me convidou para morar com ela, depois de perceber que eu já tinha ido a três shows seguidos, sentado na mesma mesa, pedindo o mesmo *single malt*? Ela veio sentar-se comigo, puxou conversa e pegou em meus cabelos, escorrendo os dedos neles. O que me encorajou a fazer o mesmo com os cabelos dela, uma armação de molas enroladinhas, um pixaim maciozinho onde pousei minha mão e não queria tirar mais. Mas eu não fui para a casa dela, precisava voltar para o Brasil no dia seguinte, me dei um quilo de desculpas.

Aquela negra jazzista, ponho onde? Na letra N? Não, prefiro a letra C, de Covardias, porque não assumi meus instintos, me controlei, fugi. Pasta F, de Fugas? Pode ser. Mas vamos realisticamente ao que eu mais preciso, neste momento de minha vida – encontrar a pasta P, de Paz.

E me desculpar por todas as letras que transformei em pecados, más lembranças. Para isso talvez tenha que deixar este sótão, onde tantas estantes esperam ser pesquisadas. Ir para fora, respirar fundo para o sol sem nuvens, levando comigo só a pasta V, de Vida, uma Vida nova, onde eu não tenha que sentir essa premência, essa necessidade de só ficar remexendo o passado. Com medo de me transformar num Haroldo.

EPIFANIA

*Meus genes, não escolhi.
Meu pai, minha mãe
o neandertal que já fui
nada disso resolvi.
Minhas circunstâncias
aconteceram como combinado
mas por outrem que não eu
em lugar onde nunca estive
por critério que não meu.
Apesar disso
e talvez por causa disso
achei que na minha vida
eu tudo podia
onipotente, arbitrário
até decidir meu destino
ao contrário.
Até que um dia
mais por cansaço
que por sabedoria
aceitei, me rendi.
Agora não mais julgo
tudo já foi julgado.
Não mais reclamo
tudo já foi decidido.
Não mais estou no comando
nunca estive.*

41.
NINGUÉM ERA NORMAL

Na minha família, ninguém era (não hesito em usar a palavra) normal. Porque tem como que uma gradação de normalidade, uns para mais, outros para menos. Meu Tio, por exemplo, este estava definitivamente fora da escala da normalidade normal. Excêntrico? Falo como que buscando um *habeas corpus* para ele, coitado. Mas ele nem sempre era coitado, aquele animal estúpido. Vou só falar de uma noite e na manhã do dia seguinte. A culpada dos acontecimentos, tecnicamente falando, foi minha avó. Ela vivia passando as mãos pelos meus cabelos de adolescente, bem lisos, demais lisos e observava, desgostosa, provocativa: "Ahhh, menino, se você pelo menos tivesse os cabelos onduladinhos como os do teu pai!...". E então ela ia para o *grand finale*, filosófica: "Também fazer o quê? Você puxou tua mãe, aquela condenada que está nos puteiros da Araraquarense... Ela também tem cabelos lisos iguais aos teus...". Já dá para entender, certo? Minha mãe havia me deixado para ser criado pelos meus avós. Meu pai morrera. Não tinha cabelos ondulados. E me destinava, entre outras desgraças naquela casa, a dormir no mesmo quarto do meu Tio. Ele sempre chegava de madrugada, depois de beber pelos bares pobres das redondezas. Orgulhava-se de ser popular com os vagabundos da região. "Oi, tudo bem? Quem é esse garoto? Teu filho?..." Ele se divertia com humor fino: "Não, ele é o filho de uma puta...". respondia gozador, analisando cuidadosamente minha reação. Todos riam. Não eu. Mas já estava acostumado. Minha sensibilidade quase que nem mais registrava tais comentários.

O que me incomodava, mesmo, eram os meus cabelos lisos.

Eu precisava agradar a *nonna* de qualquer jeito. Por que Deus não me dera cabelos ondulados como os do meu pai, *mannacia*!? Minhas tias também tinham a desvantagem da falta de ondulação capilar. As infelizes. Eu passava muito tempo com elas. Observava quando elas penduravam suas toalhinhas no varal, de intimidade, sempre com uma mancha longitudinal amarela nelas. Estranho, as tias estariam doentes? Ficava assombrado em ver como quebravam o pescoço das galinhas com facilidade e depois deixavam-nas com as pernas presas na gaveta da mesa da garagem, onde ficavam se debatendo, cabeça para baixo, um melado grosso saindo do bico. Observava como minhas tias sabiam guerrear com os irmãos, sempre jogando meus avós contra eles. Como cruzavam as pernas, com displicência mal-intencionada. Numa de minhas conclusões provisórias, achava que as mulheres não eram tão fracas como os homens pensavam. Meu respeito pelas manhas e manobras dessas mulheres, infelizmente, não ensinaram muito para minha futura vida. Um desperdício, pois se eu tivesse sido mais centrado, atento, não me deixaria enganar tanto, no futuro, por aqueles falsos pássaros armados secretamente como dragões. Elas usavam, na hora de dormir, umas presilhas com dentes de metal prateado que serviam para prender os cabelos úmidos, formando assim ondas que deveriam ficar mais ou menos estáveis, no dia seguinte. Será que essa era a resposta aos meus problemas? Então roubei algumas daquelas enormes presilhas e, numa noite, primeiro umedeci os cabelos. Depois, armei aquela carapaça metálica em minha cabeça. E fui dormir. Talvez eu pudesse mostrar alguma onda para minha avó, no dia seguinte. Meu Tio costumava chegar bem tarde ao nosso quarto e eu, mal acordado com seus barulhos, os sapatos jogados no chão, sempre podia distingui-lo na semiluz do quarto quando acendia cigarros que serviam para matar o dia passado. Ouvia sua respiração pesada e o expulsar da fumaça, em assoprões longos.

    Como ele odiava ar fresco, mantinha as janelas fechadas por toda a noite, inclusive as venezianas. Podia ver alumiar o teto do quarto com a brasa vermelha do cigarro chupado, na escuridão. Era uma dessas noites. O Tio chegou, abriu a porta do quarto e me acordou com um grito, acendendo a luz. Estremunhei, espantado, que tinha acontecido? E levei uma bordoada, enquanto ele gritava nos meus ouvidos, sacudindo minha cabeça: "Você é *viado*? Você é *viado*?...". Aí foi que me lembrei das presilhas, que iam sendo arrancadas com meus cabelos. Ofendido e dolorido, chorei muito. Arranquei os que sobravam, humilhado. Meus avós também acordaram e tentaram ajudar, caridosamente. Ninguém falou nada. Isso foi de madrugada. Os grampos ficaram um ao lado do outro, organizadinhos, sobre a mesa das gavetas. De manhã, descemos para o café. Estava um ambiente horrível. O Tio, com caradura de brabo, me olhava com raiva. Comi pão com margarina, cabeça baixa, tomei café fervido, tudo sem gosto. O assunto escandaloso da madrugada estava sendo evitado, cautelosamente. "Será que temos um *viado* nesta casa?" Olhos baixos, desfocados, desfocados.

Num momento, enquanto tiravam a mesa, resolvi chamar o Tio de lado. Ele, carrancudo, concedeu em me ouvir.

Acho que esperava justificativas, desculpas. E eu lhe disse, deliberadamente, palavra por palavra: "Olha, tio, se você me der porrada de novo, acabo com a tua vida." Ele arregalou, surpreso. Mostrei-lhe uma gilete, dessas que têm corte só de um lado, boas para tirar calo do *nonno*.

"Eu pego esta gilete e corto a tua jugular, quando você estiver dormindo. Assim, ó..." Devo ter feito essa promessa com muita convicção, porque o louco do Tio não ficou louco. Ele ouviu, titubeou como um navio à deriva, deu meia-volta e foi embora. Nunca mais me incomodou.

E eu nem me dei ao trabalho de explicar à velha *nonna* o motivo de ter usado as presilhas. Não precisava mais de ondas nos cabelos. Bastava, por agora, ser respeitado.

BURROS

Tua burrice
me faz burro.
Relincho em ódio
sabendo que
minha burrice
também te faz burra.
Vivemos aos coices.
Em nossa triste baia
ficamos
de costas os dois
sem um
ao outro olhar.
Lá fora
caem meteoros
que cegos
teimamos não ver.
Placas tectônicas
se arranjam
sem pressa
em tempos
não previstos
no calendário
de nossas curtas vidas.

42.
ELA NÃO É UMA MENINA

Quantos anos? Sei lá. O que faz uma mulher parecer mais velha? As comissuras da boca são, na minha opinião, o sinal mais claro. Mais do que os olhos, a chave da idade da mulher é o jeito como os lábios se mexem e se repuxam, mil dobrinhas que convergem e se separam, deixando a boca cheia de pequenas dunas, que nem areia de praia, depois que a onda recua para o mar. Coloque uma boca em *close* e você lá verá as formas mutantes de um órgão que se autoexplica. Os artigos sobre beleza, nas revistas femininas, ensinam truques às mulheres, para distrair os homens daquilo que devia ser seu foco de observação principal: a boca. Portanto, há que se fixar na boca, para não ser enganado. Ela tem uma boca judia, um crispar de lábios que quer ser cínico. Eu já disse? É judia. Mas ainda não fui exato. É meio judia, o pai é *sefaradi*. O nome não interessa. Ela se considera uma legítima *jewish princess* – o que a faz, naturalmente, inimiga automática da mãe. O pecado mortal da mãe é que ela dorme com o pai. E o pecado do pai é que ele gostaria de dormir com a filha. E vice-versa. Estereótipos psicanalíticos convenientes que minha ex-namorada usava para explicar seu desgosto pela mãe. Também a sina judaizante virou um conflito na cabeça dela. Um dia me contou, quando ainda estávamos juntos, entre fundos olhares, como foi a sua separação matrimonial, diante da lei mosaica. Ela precisou levar os pais à cerimônia, na sinagoga. O marido, por sua vez, levou os dele. Havia quatro rabinos presidindo a cerimônia. Eles leram e fizeram o casal repetir os termos da separação, o texto solene que definia o cada um para seu lado. No final, tudo foi transcrito e assinado pelos dois. No papel documental foi feito um corte, simbólico, com tesoura. Casamento cortado. Muito simbólico e cruel.

Nessa hora do relato eu comia um sanduíche, um hambúrguer *veggie* que mastigava mecânico, atento à narrativa. Ela: "Tá gostando do sanduíche?" Gostando? Ele se liquefez imediatamente em ácido clorídrico tornando meu estômago um micro-ondas, conforme eu a ouvia. Naquela noite tive de tomar um, dois, três antiácidos. Vomitei. Mais outro antiácido. E um relaxante muscular. Depois um sonífero. Acordei de noite mil vezes para mijar, lotado de mijo, no processo de engolir efervescentes e cápsulas iningolíveis.

É que me tornei nela, fisicamente, quando o rabino mais velho pronunciou que, a partir daquele momento, o marido a autorizava a ser de outros homens. De outros. O documento, porém, a proibia de casar-se, dali por diante, com qualquer homem pertencente à tribo israelita tal, sobrenome do ex--marido. Nossa. Se a cerimônia tivesse padres paramentados rezando piedosamente, carregando tições incendiados, correntes de ferro e alicates, eu conseguiria imaginá-la como vítima oferecida em sacrifício num ato da Inquisição. Ao ouvir tal história, consegui ainda esconder as lágrimas. Mas chorei por dentro. Disso eu gostava nela, dessas trocas, de sincero compartilhamento nas dores de viver. Admito agora que estou mal. Aliás, só estou revisando estas histórias porque estou sofrendo a separação definitiva. Para usar o frasismo dos calendários de autoajuda, são os caminhos do destino, há que se aceitar. Lembro que ela mencionou, certa vez, como que casualmente, que estávamos juntos há mais de um ano. Especificou um ano, tantos meses e não sei quantos dias. Hoje, imagino que ela calculava o tempo que malbaratava comigo, uma vez que não me decidia a deixar meu casamento. Já falei que era casado? Fui. E não conseguia deixar minha mulher. Conversamos, a meio-judia e eu, numa última das últimas vezes, por telefone. Era de noite, estava exausto e de repente algumas palavras saíram sozinhas de minha boca, desgovernadas. Disse: "Vou te pedir um tempo, você está me pressionando demais, eu não aguento mais". E fui por aí, despencando degraus verbais escada abaixo, palavras que não significavam nada, mas que tiveram consequências, mataram o afeto. Eu a ouvi chorar baixinho. Desliguei, devagarinho.

Na primeira semana, foi alívio. Na segunda, bateu insegurança. Até que nesses dias de separação, coincidência, ela e eu nos encontramos, por acaso, num elevador, no prédio onde fui visitar uma amiga. Não falei uma palavra e ela também ficou quieta, se encolhendo num canto, não me olhando. E pronto. Eu, catatônico, boca seca. Só agora, depois de tudo, é que fui aprender os porquês de ela se enrolar num canto, olhos baixos e culpados. Ela desceu do elevador onde queria e eu me propulsei até o 302º andar, lá depois das nuvens, onde os raios cósmicos fritam o DNA das pessoas.

Dia seguinte, achando que lhe devia uma explicação, ou melhor, me enganando ao escolher tal pretexto, liguei: olha, desculpa, nem sei como fui tão indelicado etc. e tal. E fiz a declaração fatal. Entreguei meu pescoço e o facão ao cozinheiro dizendo: eu estou sentindo demais tua falta, cada momento longe de você me dói, acho que é amor, é amor, idem, idem, idem.

Sua reação foi com meias frases, esquiva, fazendo a pitonisa de Delfos, dizendo o tipo de frase que você pode entender como quiser. Explicou, medindo as palavras, que estava entrando na balsa, naquele instante, indo para Guarujá e que não podia falar direito. Té logo. Eu imaginei, ela está indo no fim de semana, com a família. Pensamento consolador. Na segunda-feira, preciso confessar, fiquei regulando o tempo passar. E só telefonei à tarde, depois de esperar um intervalo decente, para resguardar minha fragilidade. O celular dela então respondeu, voz eletrônica, deixe o seu recado. Iiiiche! Na memória do celular, implorei: preciso falar com você, quero falar, preciso falar, me ligue que preciso falar, preciso. Mas nada de resposta – nem na segunda, nem na terça, na quarta, na quinta, na sexta, nem no sábado. Então soube. Minha empregada disse (vamos passar depressa por este trecho): "Soube que ela está de namorado novo, o porteiro do prédio dela me contou". Fui direto até a portaria do prédio dela, não querendo ouvir, mas precisando. Perguntei ao porteiro que confirmou: "Semana passada ela chegou de madrugada, estava com um cara parecido com o senhor, só que um pouco mais novo. De moto. Eles ficaram na frente aí do prédio, se beijando na boca, bem na frente do estacionamento, esse cara veio buscá-la todas estas noites".

E daí pronto, o fracasso, o irremediável. Por isso estou agora tentando colocar essas coisas e sentimentos, por escrito. A maldita coincidência é que minha mulher estava fora, fazia meses, viajando. E qual era a mágoa da minha namorada todo esse tempo que passamos juntos?

Ela queria que eu me separasse. Acontece que eu tinha justamente naquele dia falado ao telefone com minha mulher sugerindo medrosamente a separação! Bem naquele dia. É odioso ficar ignorante das coisas, é odioso saber que aquela mulher não me estava esperando, fidelíssima, maria-santíssima, enquanto eu decidia, do alto do meu trono, quando iria dar um final no tal "me dá um tempo". Dancei. Dancei um tango trágico, cafona, cornudo, Carlos Gardel em bolacha preta de 78 rotações. Enquanto eu dava um tempo, ela estava provavelmente chupando um pau aqui, pedindo um dedo no cu acolá e gozando daquele jeito que conheço bem. Talvez a puta até já estivesse de caso com aquele novo namorado enquanto estava comigo, correndo em paralelo. Acho forte, mesmo neste momento, mas essa expressão puta eu não mudo, assumo minha pequenez. Não cancelo a palavra pejorativa. Quero deixá-la registrada. Não me sinto na obrigação de ser justo em matéria de (hesito, hesito) amor. Amor cão, talvez. Cão que não se incomoda em ficar vergonhosamente engatado na rua com a sua cadela, enquanto santas senhoras jogam baldes de água fria para separar tal cruzamento herege. Assumo: puta. Acho que não existe nenhum Senhor barbudo lá em cima, com um aro iridescente em torno da cabeça, planejando me fazer escorregar numa casca de banana se eu julgar alguém com ódio no coração. Dane-se. Eu ainda estou com raiva, ódio. Hoje, se ela quisesse voltar, para aceitá-la eu ia ter que pedir licença, firma reconhecida, às diversas instâncias de meu poder. Meu pau, minha emoção, meu bom senso, minha autoestima, minha macheza, meu remorso. Meu perdão. Minha eucaristia. Pausa.

Um minuto, preciso, um minuto de bom senso, para continuar respirando. Que conselho poderia alguém me dar, para me trazer uma epifania, um despertar de consciência, ou até despertar consoladoramente as lembranças pelas quais já passei, antes, com outras mulheres? Foram tantas! Telefonemas truncados, ainda nos encontramos outras vezes, sempre pessimamente, a mesa entre nós medindo 20 km de frente e 20 km de lado. Numa dessas últimas vezes ela me perguntou, tomando um saquê, eu já tendo bebido umas tantas garrafinhas: "Você quer reatar?". Ela me olhava dentro dos olhos, a cabeça meio inclinada, pescoço fino, ar vitorioso de quem sabe a resposta do outro. Quê, quê, quê?

Me indignou aquela certeza antecipada de quem oferece um copo d'água para um sedento já sem lábios, de tanta secura. Dizem que nesses momentos de morrer de sede, os olhos se encolhem por falta de umidade, se escondendo lá dentro de suas cavernas ósseas, nas funduras. "Eu, reatar? Ficar com você? É aquilo que mais quero na vida... E é o que menos quero, também." Porco misógino. Ela jogou a cabeça para trás com o impacto da bala 45.

Mas o desnorteio durou frações. De dentro de sua boca saiu um sorriso de bruxa de Walt Disney, um bafejar de ódio vitriólico, minha pena decretada, a máquina da vingança acionada. Dócil, me deixei ouvir palavras terríveis que me levaram, pernas bambas, ao garrote vil: me vi sentado com os braços amarrados, minhas costas presas a um poste e a fita de metal sendo apertada por trás do meu pescoço, igual como se fecha uma torneira. Uma guerra de vontades.

"Será que vai dar para remendar, vai dar para aceitá-la? Vamos voltar?", digo eu.

O tempo passou fazendo barulho nas minhas orelhas. Aceito a humilhação: volte, vá! Ela agora negaceia, quer, não quer, diz que o outro é blá-blá-blá, mas me segura abraçada, grudada, e diz "...teu pau tem a medida da minha vagina". Enquanto se esfrega em mim, no cio. Vulgar. Você pode achar esta minha linguagem um horror, mas também falávamos assim, explícitos. Naquela noite do saquê, quando tentávamos uma trégua provisória, tonto de dor, peguei-a pelo braço, sacudindo. Chacoalhei-a pelos ombros, também, até sobrar só o vulto da cabeça, sombras em movimento. E lhe disse: "Eu hoje não seria capaz de foder você nem com três camisinhas". Me envergonho desse destempero. Acho que disse aquilo porque me senti ofendido por ela colocar todas as suas declarações de amor nos tempos passado e no condicional. "Quando eu te amava, querido." Amava?! *You, bitch.*

INSÔNIA

*Insônia é grudar
a noite com o dia
é os olhos arregalar
para ainda mais ver
para ainda mais amar
para ainda mais viver.
Dormir
é o contrário do meu ser.
Fico aceso pela noite
cambaleio pelo dia
e recomeço com as sombras
que tenho por moradia.
Qualquer hora eu vou
e morro.
Mas terei merecido os meus dias
pois o tempo que passei vivido
terá sido muito mais
do que o tempo que vivi morrido.*

43.
NOITE SEM FIM

Me veio um sobressalto. Acendo a luz da cabeceira, olho o relógio, ainda não consegui dormir. Onde estão os meus óculos? Vasculho, cai uma coisa no chão. Não vou procurar, amanhã eu acho. Uma e quinze da madrugada. Tenho certeza de que ouvi barulhos no forro. Me ponho atento, apertando os olhos para ouvir melhor. Nada, só carros em ruas distantes, uma buzina solitária.

Desprezo a possibilidade de um espírito querendo falar comigo. Se eu não pensar nisso, nenhuma manifestação vai acontecer, essa é minha fé. Respiro fundo, até me afogar em ar. Já estou na cama desde 23h00, as cobertas jogadas para lá e para cá. Vou à estante e pego um livro que nunca li, ao acaso. Coincidência. É o "O Evangelho segundo o

Espiritismo", de Allan Kardec. Nunca li. Decido dar-lhe uma chance, vou só cinco páginas, contadas. Logo no começo o autor explica que "...os Espíritos do Senhor são as virtudes dos céus, como um imenso exército que se movimenta ao receber a ordem de comando, espalhando-se sobre a face da Terra...". Chega, não dá nem para passar da primeira página. Jogo o livro ao lado da cama, vou aproveitar a narcose que tomou conta da minha vigília. Fecho os olhos. Fecho de novo, eles se abriram sozinhos, no escuro. Uma coceirinha incomoda na perna esquerda. Acendo a luz. Nossa, quase 3h00. Esfrego pomada na coceira. Vaporizo o quarto com inseticida, cheiro forte. Deito de novo e deixo uma perna fora dos lençóis, faz calor, não sei. Será sede?

Cambaleio no escuro até a jarra de água em cima da cômoda e bato a canela na quina da cama, doeu. Meio copo, só meio copo, senão vou mijar a noite inteira. Será que não consigo dormir porque me esqueci de tomar o remédio para digestão? Meu estômago fica furioso quando eu o obrigo a fazer expediente noturno. Tomo, a pílula desce devagar pelo esôfago, igual elevador antigo e sacolejante. Um cachorro late no vizinho. Talvez eu devesse atarraxar bolotinhas de cera nos ouvidos. Levanto e vou até a gaveta da cômoda, procurando.

Vasculho, não aqui, aqui também não, pronto, achei. Abro o estojo plástico transparente com as bolotinhas. Amasso-as no fundo dos ouvidos, até doer. Em compensação, agora ouço minha respiração, rascando dentro da cabeça. Espalmo os dedos no peito, tento perceber alguma sincronia entre as batidas fortes, tum-tum, tum-tum, com a respiração agoniada. Preciso dormir. Mas é impossível desligar os pensamentos, que resolveram, contra a minha vontade, relembrar o diálogo que tive com minha ex-namorada, dias atrás. Nós dois, eu e minha ex-namorada, estamos separados faz anos, muito tempo e pouco tempo. Procuro a tecla de deletar para sumir com essas reminiscências, as palavras dela. Mas as frases rememoradas pulam de tamanho, para corpo dezoito, vinte.

E depois para vinte e dois, ocupando todo o espaço em branco de minha página mental. Que ela falou ao telefone, mesmo? Ela queria que almoçássemos juntos, ponto. Mas não podia ser nem na segunda, nem na terça, nem na quarta; só quinta, ponto. O pôquer recomeçou, suspeito. Por mim, eu almoçava naquele dia mesmo, dava tempo.

O que ela vai dizendo, ao telefone, são fichas de arquivo que depois, uma a uma, serão posteriormente avaliadas. Nesse almoço iríamos conversar sobre o quê? Falar do fracasso do nosso ex-ex-ex-amor? Será que seria ex, mesmo? E por que só na quinta? Será que ela tinha tantas coisas mais importantes, que justificariam ela ter jogado nosso almoço para dali quase uma semana, feito compromisso de executivo, com agenda? Mas ela resolveu agora antecipar, começando a especular futilmente qual restaurante seria o mais interessante para nosso encontro. Possibilidades. Eu, quieto, sem julgamento. Carneiramente, concordei quinta, ela escolheria o restaurante e me avisaria qual. Quinta, então. Hoje, já madrugada da quarta, prazo final, ela ainda não havia confirmado nada. E se ela não ligar amanhã cedo, que faço? Foda-se se ela não confirmar. Não partiu de mim o convite, sei que só tenho na mão um par de cartas baixas. Nem do mesmo naipe elas são. Só servem para perder. Azar. As ceras estão me incomodando. Não gosto da ideia de me ouvir sororocando moribundo em murmúrios secos, cada vez que inspiro ou expiro. O mundo inteiro está dormindo. Quatro e quarenta e cinco. Que abafo. Abro os janelões de vidro, deixando passar ar pelas venezianas. Decido ver televisão, talvez esteja passando um filme de guerra. Vou até a sala, me esparramo no sofá e começo a zapear. Aparece a imagem de uma mulher de saia curta e peitões grandes, falando não sei com quem. Dou o som, anulando o *mute*, música de motel. Ela está sorrindo e pede um presente de aniversário. Aparece agora seu parceiro, um cafajeste cabeludo, refestelado ao seu lado.

O que a mulher está pedindo é que o marido faça amor com a amiga dela, quer sexo a três como regalo aniversarial. O homem hesita, falsamente. A amiga, langorosa, está enovelada num sofá em frente aos dois, e balança suavemente as pernas. Fico fascinado com os detalhes, perco o resto. A moça usa meias e cinta-liga, o vestido levantado mostra tudo. Agora, o marido e a amiga já estão no sofá, assim de repente. Ele está ajoelhado e começa a chupar a moça. Como? Assim direto, sem nem um bidê, antes? Dentro das calças do pijama, uma ereção. Metade de minha cabeça se mantém atenta, pensativa, enquanto cada centímetro cúbico da outra metade de minha massa cinzenta vai se afogando em sexo, sexo, sexo. E se eu batesse uma punheta, será que isso me relaxaria, me faria dormir? Tento, mas a batalha é dura. A amiga agora está de costas, olhando dramaticamente para trás enquanto é enrabada. Chacoalha os cabelos jogando-os para os lados, imagino o diretor desse filminho pornô gritando em *off* "mais tesão, mais tesão!, faz boca de tesão". Ela obedece, precariamente. Presto atenção em como ela se parece uma espiga de milho guardada na geladeira, cabelo mal pintado em cabeleireiro barato. Agora a insaciável esposa, depois de ter se acariciado tremente com os dedos, revira os olhos como num filme mudo e se lança no *ménage à trois*. Pronto, gozei.

Foi rápido. Só tem um pano de cozinha por perto, meio sujo de macarrão. Me limpo com ele, tomando cuidado. E se a empregada estranhar aquela melecança no pano, amanhã cedo? Cheiro minha mão: *al sugo*? Vou pelo escuro até o corredor, passo pela cozinha e amasso o pano bem fundo no cesto de roupa suja. Desligo a TV, os três estão agora em uma posição mais interessante, mas já fiz o que tinha que fazer. Me jogo na cama. Antes examino o relógio, cinco e dez. Então o almoço vai ser alegadamente amanhã. Então amanhã decidirei o que fazer. Se ligo para ela, se não ligo, veremos. O "Evangelho" continua aberto. Abro páginas de outro livro, a esmo, como num jogo de búzios, as pedrinhas rolando. Lá encontro um pensamento de Sócrates: "...enquanto o nosso corpo e a nossa alma se encontrarem mergulhados na corrupção, jamais possuiremos o real objeto de nossos desejos – a verdade". Não sei se entendi direito, mas concordo, meu corpo está sujo, a mão, úmida, estou corrompido. Abro o chuveiro forte, quase no limite do quentume. Enquanto esfrego os cabelos suados com mancheias de *shampoo*, me toma um inevitável remorso pela punheta que desperdiçou coisa boa com aquela merda de *ménage* televisiva. O jato do secador vai me despenteando, identifico novas clareiras, estradas que se abrem pelo couro cabeludo, meu Deus. Estou ficando um pouco careca, constato desolado. Troco de pijama. Cinco e meia, só olho o ponteiro pequeno. Lá fora, através da janela fechada, pressinto o dia nascendo. Abro uma fresta, nuvens cinza, pesadas, choveu à noite e eu nem percebi, o terraço todo molhado. Vou até a gaveta da mesinha e encontro um sonífero. Hesito, me olhando na frente do espelho do armário. Meu rosto inchou cinco quilos. Engulo o remédio direto, sem voltar a me olhar, depressa, arrematando com um gole de água de moringa. Está feito, já foi. Será que chegou algum e-mail para mim? O computador aceso me diz "*no e-mail*". Nada, nem um *spam*. Desligo o computador. Deito, a aflição se contorce ao meu redor. Se ao menos me aparecesse, naquela hora, um daqueles Espíritos do Allan Kardec, que estão espalhados pela face da Terra. Aquele fazendo barulho do meu forro, por exemplo, se podia fazer sentir, providencialmente. Então, se isso acontecesse, eu lhe pediria, respeitosa e humildemente, que fizesse o favor de me explicar algo que não conheço sobre meu corpo corrompido e tão longe da verdade. Então, depois de tomado desse conhecimento, talvez eu pudesse finalmente dormir.

> **CHERNOBYL**
>
> *Luas mecânicas giram*
> *zoadas*
> *dentro de minha cabeça*
> *robótica.*
> *O ponteiro do relógio solar*
> *roda insano*
> *sombreando todos os números*
> *ao mesmo tempo.*
> *Insetos fritam*
> *dentro de flores ferventes.*
> *O verde virado em cinza*
> *o cinza tornado preto.*
> *Bruxas esvoaçam*
> *fugindo de suas fogueiras.*
> *Terremotos radiativos*
> *se desmancham, quietos.*
> *Me falta ar*
> *para um último suspiro.*

44.
É O SOBRENATURAL

Eu vinha voltando do Guarujá, subia a serra de madrugada. Algum nevoeiro, ralo. A estrada, vazia, só os faróis do meu carro, que ia acendendo pedaços de asfalto, postinhos com olho de vidro, a vegetação nas bordas da estrada rebrilhavam em verde. Eu estava feliz. Seguro. Deitada, com a cabeça adormecida no meu colo, minha Mulher n°2, ex, chamada Ivanna. Eu cantarolava, baixinho, sem arriscar a ligar o som. Estávamos voltando para São Paulo, de onde havíamos saído algumas horas atrás. Essa pequena viagem, nós a fizemos para conversar.

No Guarujá, dividimos só um prato, num restaurante de peixes. Ela estava meio gorda e eu também, dispensamos o pirão que veio junto. Nos havíamos abandonado demais, nos últimos tempos, cada um do seu lado e nossos corpos reclamavam, inchados de infelicidade. Ela ainda era meu amor, o maior amor de minha vida, de minha vida, e ela estava ali, finalmente, de novo, com sua cabeça no meu colo. Talvez, talvez pudéssemos voltar a morar juntos. Ela tinha aparecido, poucos dias antes, de repente. Fiquei gago. Foi quando ela fez a declaração que eu esperara por tantos anos: "Olha, eu tentei. Mas não consegui esquecer você. Casei (casei, né?) com um francês e fui para Paris. Voltei, apareceu outro cara, outro engano, tentei me apaixonar. Chega. Eu sei que você também me ama. Larga tua mulher e vamos viver juntos. Esquecer o passado e pronto". Bom discurso, direto. Seu rosto acompanhava, confiante, o que ia dizendo. Não nos beijamos, estávamos sérios, cerimoniosos. Nesse dia, falei com minha mulher: "A Ivanna voltou". É curioso, ela mudou seu nome, acrescentando um n. Explicou que tinha consultado um numerólogo, que lhe havia sugerido recombinar o número de letras do seu nome. Daí, agora ela era Ivanna. Minha mãe também mudou de nome. Expliquei dolorosamente à minha mulher que precisava passar alguns dias com a Ivanna, para finalmente poder acabar aquela relação antiga, doente. E podia deixar que, desta vez, eu ficaria livre depois desse reencontro.

Ela, lábios finos apertados, não se mexeu. Respondeu, como se pela voz de um ventríloquo: "Tá bem". Assim, seca. Varando então aquela madrugada, na volta para São Paulo, vinha de uma purgação pesada com Ivanna, havíamos dito coisas nunca antes faladas, coisas de amor, um para o outro. Um clister. Bom, então, ia indo de carro e... blaaam! Um baque em cima do teto do carro, bem sobre minha cabeça, lá fora, no escuro. Perdi a direção, com o susto. Derrapei, passando para o outro lado da pista única. Segurei o volante, que girava solto em minhas mãos. Pronto, de novo no controle da situação. Controle? Deslizando pelo para-brisa, bem na minha frente, atrapalhando a visão da estrada, estava grudada uma bruxa, me olhando fixamente. Ela continuava me olhando. Estava como que deitada na capota, se esticando para olhar para dentro do carro. Seus braços, meio dobrados, dedos abertos, se agarravam no vidro para se equilibrar do vento. Mãos secas. Olhar venenoso. "Ivanna, Ivanna, acorda!", berrei. Olhei de novo, a bruxa tinha desaparecido. Não tive coragem de parar o carro para verificar se a Coisa Ruim continuava lá. Tentei me lembrar se havia passado debaixo de alguma passarela, podia ser uma velha que tinha tentado suicídio, pulando. Não, nada de passarela naquele trecho da estrada, era a subida da serra, rochas no paredão à esquerda e precipício do outro, vazio. Só parei quando cheguei a um posto iluminado, para botar gasolina. O rapaz agiu normalmente, limpou o para-brisa com detergente. Portanto, a velha tinha se ido. Abri a porta, examinei em cima da capota, tudo limpo. Nem sangue, nem nenhum sinal. Faltavam ainda alguns quilômetros de escuridão, depois do feérico do posto. Pedi à Ivanna que ficasse falando comigo. Liguei o rádio. Bloqueei as portas e janelas. E deixei-a na casa de sua mãe. Abri a porta de meu apartamento e lá estava minha mulher, sentada num sofá. Sem ler nem nada. Me acomodei, também. E lhe contei: "Agora pouco, voltando do Guarujá com a Ivanna, vi um fantasma, que me olhou pelo para-brisa do carro. Morri de medo". E ela, falando lento: "Eu sei. Essa velha que você viu é a mãe de santo que fez um despacho para mim, hoje à noite. Eu fui lá no terreiro porque queria saber se vocês iam reatar a relação. E a velha quando voltou me disse que tinha visto vocês. Falou também que agora vocês estavam mesmo separados e que nunca mais voltariam a se juntar". Eu estava tão atordoado que duvidei: será que ela tinha me contado a visão da mãe de santo, só depois de ter ouvido minha história? Ela podia ter inventado a tal mãe de santo? Não sei. O que sei é que vi a velha desgrenhada e de olhar fulminante grudada no para-brisa do carro. Coisas insondáveis acontecem. Dia seguinte, ainda abalado, fui encontrar Ivanna. Ela me havia trazido um presente. "Que ótimo, que é que você me trouxe?" "Um CD." "De quem?" Caprichosamente fui tirando a fita e desembrulhei. Ela: "É do Gui". Respondi, no instinto: "Desculpe, mas não gosto desse cara (estou bloqueando o nome do cantor, arranjando um falso), acho ele muito babaca". E ela, amuada: "Não fale mal dele, porque nós tivemos um caso legal e ele foi ótimo comigo". Eu, disparando à queima-roupa: "É? E preto tem pau grande, nega?".

Pronto, a Merda, que eu pensava que já tinha ido embora, faz tempo, lá longe, trafegando pelo rio Tietê abaixo, a caminho do mar, tinha feito um retorno miraculoso e instantâneo, voltando para minha privada, outra vez, inundando meu baú de más lembranças. Brequei, atravessei meu corpo por cima do dela e abri a porta do carro por dentro: "Sai! Sai! E não me telefona nunca mais, puta". Acelerei, olhei-a pela janela, ela parada, de pé na calçada, estática. Uma curva, ela ainda no espelhinho lateral e se foi. Literalmente. Soube depois que se casou com um ator, acho. A velha bruxa tinha acertado. Meu *karma* com a Ivanna tinha mesmo chegado ao fim. E um espaço se havia recombinado no mundo, regurgitando novas possibilidades. Ela teria filhos, eu teria mais um filho. Que, por sua vez, teria filhos. Vidas novas que se embaralhariam em outras configurações. O Móbile do Universo havia se movido outra vez, se reequilibrando. Se pelo menos a bruxa não tivesse aparecido. Se pelo menos eu tivesse gostado do CD.

CHUVARADA

Gotículas minúsculas
reticências infinitas
brilham, precárias
nas bordas onduladas
de folhas molhadas.
Pingando, às vezes.
Vento morno
a tempestade
ainda não foi embora.
Nuvens de prontidão
lá fora.
Trovões em sucessão
ecos em montanhas
que nunca foram vistas.
O dia é de ouro sujo.
Palavras gigantes.
Tudo vi, ouvi, senti
mas nada compreendi.
Nesse teste planetário
sei que fui reprovado.

45.
ANDO POR AÍ

Vou vendo cada esquina se desdobrar em outras esquinas, sem chegar a lugar nenhum. Estou peripateticando comigo mesmo, distraído, indo por New York. Ando à toa pela área de Wall Street, no calorão de um sábado à tarde. Bancos fechados, ruas sonâmbulas, eu puxando as pernas, uma atrás da outra, pesadamente. Passo pelo touro metálico da Merryll Lynch, os chifres em eterna arremetida. Bares sombrios, garçons vadiando na porta, empregados do comércio comem sanduíches frios, fugindo do expediente. A bússola dentro da minha cabeça gira sem norte magnético. É difícil, para mim, compreender as coisas.

Num momento segue tudo de um jeito suportável, mas basta um pensamento errado e sou jogado de novo no lixo da rua, que nem um indigente. Queria que ela tivesse falado comigo, quando acabamos nosso caso. Não falou. Queria também que eu me tivesse colocado disponível para ouvir as merdas que ela teria para dizer. Mas eu não quis, pois dependendo do que ela dissesse, eu poderia reagir errado, saltando do estado amoroso, direto para uma nitidez crítica homicida. Preferi, dessa maneira, dar-lhe mais uma chance com meu silêncio. Bobagem, ela nunca se teria disposto a confessar nada. Até porque essa mulher é do tipo que faz análise três vezes por semana, especialista em jogos de esconde-esconde. Eu, do meu lado, já conheci muita gente analisada. E aprendi que a melhor estratégia para sobreviver a um diálogo psicanalítico é fingir que não se compreende as perguntas, devolvendo outras igualmente confusas, assim embaralhando o interlocutor. Dessa maneira ninguém sai machucado. Se você conseguir manter esse pingue-pongue, então vai provar que não é um *schmuck*. Mas respostas diretas, sinceras, são sempre condenadas como superficiais, banais. Depois de ter cometido uma espontaneidade dessas, a tua fala será imediatamente levada para autópsia e dissecada com o bisturi profissional de um Freud qualquer. Dependendo do grau de honestidade com que você tenha falado, teu discurso ganhará notas muito ruins. Quanto maior teu impulso de falar candidamente, maior a chance de você ser imediatamente lançado à posição mais baixa da cadeia alimentar. No geral, os que brincam de analista gostam de aplicar golpes de ferir, de te fazer doer. Eles julgam que conhecem todas as cavernas da alma. Julgam-se vitoriosos quando conseguem danificar alguma tua firme convicção, colocando etiquetas em teus sentimentos.

Fazem igual àqueles sacerdotes egípcios que arrancavam os miolos dos mortos pelo nariz e pela boca, com ganchos, facas e espátulas, para a mumificação. E depois o que lhes sobrava nas mãos? Só cabeças ocas, sem o cérebro pensante, sem as ideias vivas nos corpos manipulados. Proteja-se dessas violências, é o que eu digo. Senão amanhã você estará morto, *kapput*. Você se tornará um judeu na Alemanha nazista, com uma estrela amarela costurada na boca. Ou um negro no sul dos Estados Unidos dando um forte abraço de amizade num encapuzado da Ku Klux Klan. Depois de cair nessa categoria deplorável, você acabou. E, então, adeus abraços e beijinhos, as pessoas vão cruzar a calçada para não passar a vergonha de se deixar ver em tua companhia.

É preciso ficar esperto para não entrar numa fria dessas, guarde tua dor para você mesmo. Se esconda, em caso de ressacas de amor. Fale menos, cale a boca, seu filho da puta. Tua dor, na verdade, nem é muito merecedora de reclamações dramáticas. Queimar o dedo com um fósforo que acendeu errado, isso dói. Ter o corpo torrado em Dresden deve ter doído muito mais. Na cidade bombardeada faltava oxigênio no ar, que se consumia oco, ígneo. A dor dos sufocados. Lembro que gemi baixinho num cinema, ao ver no "Movietone News" as pilhas de bombas incendiárias caindo organizadamente em cima da cidade-vítima fumegante, como um arquivo desabando as pastas, para queimar mais ainda aquilo que já estava queimando. Vi também a foto de uns soldados asiáticos amarrados e amontoadas no chão, sendo baionetados deliberadamente por outros soldados, também asiáticos, sob o olhar curioso da multidão rodeante. Os soldados-carrascos atravessavam os corpos dos assassinados enfiando as lâminas criteriosamente, avaliando onde achar carne, como se estivessem jantando *fondue* num bistrô de Paris. Em sua agonia, os agonizantes tentavam minhocar no asfalto, à procura de um buraco para se esconder. Isso é dor. Do que posso me queixar, tendo isso na memória? Tenho direito? Acaso meu corpo vivo foi jogado numa vala comum, como nos campos de concentração nazistas, a terra ficando a se mexer, três dias depois? Alguns oficiais nazistas não queriam gastar bala em fuzilamentos. Alguém por acaso me empurrou para dentro de uma câmara de gás, em fila de matadouro, tangido por chicotes de arame farpado?

Nunca fui um armênio, dos milhões deportados e assassinados, nunca fui morto pelos sérvios, nunca vivi em Ruanda. Nunca fui polonês naquela floresta de Katyn, vinte mil assassinados pelos alemães com tiros na nuca e empurrados para valetas abertas por eles mesmos. Pol Pot não mandou arrancar meu cérebro a cacetadas só porque eu usava óculos, "um intelectual".

Não sou aquela mãe favelada do Rio de Janeiro, cidade maravilhosa, que matou os três filhos e se suicidou depois, porque tinha sobrado só um ovo para a fome de toda a família. Ela escreveu o nome do Juscelino Kubitschek com próprio sangue, nas paredes do casebre.

Para onde quer que se olhe, tem gente com sofrimentos maiores do que os nossos. Parece que a dor do mundo, a dor reconhecida, é sempre a das outras pessoas. Avaliada assim, minha dor é ridícula. Mas, para mim, ela ainda dói muito.

PERDÃO

Se eu pudesse perdoar
começaria por me perdoar.
Mas me culpo
e revivo o desgosto
de saber que vou repetir
todos os erros
de que quero escapar.
Quem perdoa
não perdoa
se não esquece o que perdoou.
Não sei perdoar.
Eu perdoo hoje
odeio amanhã
para depois voltar a perdoar.
Sou santo convertido
bandido assumido
vivo na contradição
de ser humano a prestação.

46.
PENA DE MORTE

Faço a lista dos meus inimigos. Escrevo e escrevo nomes, repensando meus desafetos. Paro, às vezes e decido riscar algum nome, risc, risc, risc, até tornar inidentificável o que ali estava escrito. Mas esse nome suprimido nem sempre tem garantia de inocência plena e definitiva, fora das minhas ruminações. Pode ser que subitamente alguma lembrança quase esquecida pule de dentro de minha memória, coisa fatal, uma espécie de tocha acesa que ilumine a escuridão, e que desça balançando num paraquedas sobre a trincheira inimiga.

E talvez assim eu consiga distinguir a cara escondida do inimigo escondido que tenta fugir da minha mira, no lusco-fusco de sombras e lampejos dessa Primeira Guerra Mundial com explosões e bombas e sufocação com gás mostarda. Dessa maneira, voltam os pecados daquela pessoa descartada, que de novo é recolocada na minha relação de condenados.

Mas mesmo depois de muito remoer, não me sobram mais do que seis nomes, saldo final. Tão poucos? Reconsidero uma ultimíssima vez e ofereço anistia mental, retrospectiva, elimino mais dois que estavam na lista dos que me prejudicaram muito. Gente medíocre que não praticou na vida nada de meritório, nem as ofensas pretéritas pesam a seu favor. Elimino-os, eliminados, portanto, por desfastio. Sobram agora os últimos quatro indivíduos. Estou num tribunal. O promotor que apresentará o meu caso contra os meus inimigos pede a palavra. Ele é uma figura austera, lembra o diretor de disciplina num colégio interno, ar soturno, intimidador. Me acomodo na cadeira, esperando dele aquele palavreado próprio dos grandes bacharéis da retórica, um discurso verborrágico acusativo que comece tronitroante, do tipo "Meus senhores! (Pausa) Minhas senhoras! (Pausa) Respeitáveis membros do júri! (Pausa)". Seu olhar deveria ser profundo, perfurante.

E então todos ouviriam dele uma catadupa de meias verdades, enganações disfarçadas, frases de efeito, dessas que, ditas com indignação calculada, fariam As Minhas Queixas resplandecerem naquele tribunal de justiça. Meus inimigos se encolheriam, submissos, diante de tal bombardeio de vituperações. Vitória acachapante, nada menos, nada menos era o que eu esperava. Mas o promotor some de repente, vejo-o num momento e, quando volto a olhar, um segundo depois, ele já desapareceu. Como pode ser? Ele estava bem ali, embrulhado em sua capa preta. É um milagre, desvaneceu-se no ar. Dele não sobrou nada, nem a sua sombra. O Senhor Juiz, que só agora noto sentado atrás de uma alta mesa de mogno, chama então o advogado de defesa dos réus, que se levanta solene, sem se dignar a passar os olhos por mim. "Senhor Juiz", clamo desesperado, "Senhor Juiz! O promotor sumiu, Senhor Juiz! Ele sumiu!" Meus protestos, porém, grito-os com a boca fechada, dela não sai nenhum som. Estou em estado comatoso. O advogado de defesa, agora sem a incômoda presença do promotor, aponta seu longo dedo para mim. "Esse homem (eu), como todos puderam testemunhar, não tem nenhuma acusação factual, verdadeira contra meus clientes. Olhem-no cuidadosamente. Pode-se ver claramente que dentro de seu cérebro não lhe sobram nem razões nem energia para engendrar qualquer queixa aceitável contra os meus clientes, nada que justifique o tempo perdido por este tribunal. Peço, pois, que o Doutor Juiz pronuncie imediatamente a inocência dos acusados, sem mais delongas." Afirma isso e volta, com passos pensados, à sua cadeira. Discurso rápido. O Juiz concorda, bate o martelo e a cena toda se desfez no ar. Sozinho, estou agora numa espécie de parque sem ninguém à vista, tudo sem vento, em silêncio. Olho para o mostrador de vida em meu pulso. O ponteiro já está na faixa vermelha, sinalizando bateria fraca, fraquíssima. Chacoalho o braço, para ter certeza. Vai acabar o meu tempo daqui a poucas horas, me reconfirma o aparelho. Me ocorre então que o senhor advogado de defesa talvez tivesse razão. Pode ser que eu haja, em minha existência, dado demais importância às pequenas querelas, irrelevâncias que resolvi tomar como ofensas graves, solicitando um exagero de processos do sistema judicial, mesquinharias que se tornaram, na relatividade do tempo, uma sucessão de inutilidades. Talvez tenha mesmo gasto minha bateria sem proveito, lamentavelmente. Nunca havia pensado nisso, com tanta nitidez. Me pergunto, aflito, se meu mostrador de vida podia ainda ser recarregado, para começar tudo de novo. E se eu me pusesse de joelhos, pedindo uma nova chance? Nada feito. Ninguém responde à minha angústia, nenhuma nuvem se abre no céu, dela saindo anjos roliços, refulgindo no meio de raios de luz, tocando trombetas para anunciar que eu seria recompensado por ter aprendido a Lição. Portanto, o que talvez me restava fazer seria esticar ao máximo meu tempo de reserva fazendo alguma coisa útil. E foi o que fiz. Fui para casa e retirei de dentro da gaveta um embrulho pardo de papel oleado. Dentro dele, uma pistola Colt '45, da Segunda Guerra. Enchi o magazine com as balas gordas ainda em condições, limpei a graxa excedente de dentro do cano, fiz correr o carrinho da pistola para encaixar a bala na agulha e botei a arma na cintura, ajeitando-a firmemente. Não me esqueci de vestir um paletó folgado para esconder o volume, a Colt é grandona, alguém pode notar. E fui ao endereço do primeiro inimigo da lista. Nada, nada, o alvo de minha fúria fria não estava no escritório. Voltarei, pois. Vamos, portanto, ao segundo nome.

Esse camarada tinha me dado um golpe, não muito tempo atrás. Perdi muito dinheiro com tal personagem, que tirou proveito de minha confiança ingênua, eu investi fé em nossa amizade. Deveria ter cortado relações com esse canalha quando ele, um dia, tendo recebido um título em vias de protesto, se abriu numa gargalhada debochada e disse, tossindo de rir: "Que é um peido para quem já está todo cagado?". É difícil me imaginar rindo também – mas foi o que fiz, cumplicemente. Bem. Apertei a campainha no prédio dele. Veio o porteiro e explicou que meu ex-amigo havia se mudado dali. Comiserado, o porteiro contou que o fulano tinha se dado mal, indo para endereço ignorado; sua correspondência, apontou com a mão, estava toda acumulada no canto do balcão de onde ele vigiava o prédio. Muitas cobranças e avisos de inadimplência. Por esse motivo, por falta de pagar sequer o condomínio, a assembleia dos moradores tinha conseguido levar o apartamento dele a leilão. E alguém pagou uma mixaria pelo imóvel, quantia da qual retiraram (supremo golpe de misericórdia) toda a dívida dos condomínios não pagos.

Deve ter sobrado quase nada. Agradeci e saí andando, o cano da Colt me incomodando um pouco. Terceiro nome.

Desta vez o prédio não tinha porteiro. Era já madrugada, cheguei nessa hora sem perceber. Toquei a campainha, voltei a tocar, uma voz sonolenta pelo interfone perguntou quem estava procurando. "Pode descer", disse eu, "desça que precisamos falar. É urgente." Ele apareceu de roupão e chinelas, estava acompanhado pela mulher, que olhava preocupada por cima do seu ombro, o corredor com luzes apagadas. Esse homem alto, corpulento, era meu contador. Me estranhou vê-lo de pijamas, para mim parecia que ele já havia nascido de terno. Dias antes, uma auditoria que eu contratara para checar os números de minha empresa havia me dado a má notícia: "Teu contador está te roubando. Mas estamos quase chegando à quantia final que ele desviou. Espere que estamos juntando as provas. Fique calmo". Não fiquei calmo. Agora o sujeito estava sentado ao meu lado, no meu carro, com um pedaço do roupão preso fora do carro, quando ele fechou a porta. Alarmado, arregalado. "Aonde vamos?" Eu, nada, só dirigi. Levei-o até uma estradinha de terra, bem longe. Cheguei onde a cidade e os postes de luz já tinham ficado para trás. Mandei-o descer, obrigando-o a ficar de frente para os faróis do carro, que o iluminavam fortemente. O homem se ajoelhou e desabou em choro, se confessando, sem eu ter perguntado nada. Naquele momento, eu, fora do carro, nas sombras, com o dedo no gatilho da Colt, apontava para seu peito. Francamente, não sei o que iria fazer, minhas certezas dançando de lá para cá. Um miligundo, um bilionésimo de carga hormonal descarregada errado, um estremecimento dos meus nervos tensionados e... e... e... Ele se jogou de bruços no chão empoeirado, estrebuchando em soluços, sei o que estava pensando.

Fiquei observando aquela cena, totalmente alheio às suas consequências.

Que vantagem pode trazer a vingança? Me ocorreu isso vendo todo aquele medo e humilhação. "Eu pago tudo de volta, doutor, eu pago, juro por Deus!" Demorei um tempo para decidir. Não sei quanto tempo. E mandei então que ele voltasse ao carro, tendo-o devolvido, vivo, para sua mulher. Na volta, às vezes parando em algum farol de trânsito, podia perceber reflexos de verde, amarelo e vermelho se sucedendo no seu rosto paralisado. Fracassei, pensei, fracassei. E o quarto nome? Vou contar. Eu tinha escrito o meu próprio nome, óbvio. Porque inimigos somos nós, de nós mesmos, sempre oscilando entre impulsos do assassinato e do suicídio, quase nada sobrando no meio, a não ser a vidinha nhem-nhem-nhem com suas justificativas costumeiras. O suicídio tem o problema da família que fica traumatizada, a religião que promete o inferno, a justiça, o medo da dor da morte, além de inconveniências sociais várias. O suicida é sempre avaliado com sentimentos contraditórios. Veem-no como alguém que fez o que os outros ainda não tiveram coragem de fazer, inveja esta só comparada aos que matam. Tem tantos que pedem para ser mortos, buscando quem os suicidem que, às vezes, penso que é mesmo injusto condenar alguém que faz a vontade da vítima. O que certamente sei é que assassinato e suicídio são sentimentos gêmeos, univitelinos. Logo, surge daí a possibilidade de resolver dois problemas com uma única solução. "É isso." Puxo o Colt e, sem suspirar, dou um tiro na cabeça. Volta a cena, nesse momento. Num impulso desfeito, volto a estar como eu estava. E me vejo, recorrentemente, retornando outra vez para o primeiro endereço, a fim de encontrar meu inimigo desencontrado. O '45 pesa na ilharga. Vou andando devagar pelas ruas, sem pressa, cabeça baixa, será que desta vez eu vou reencontrá-lo, ele, de cujo destino se livrou, na vez anterior? Quem sabe o que pode acontecer agora? A vingança, para ser legítima, pertence àqueles que nem mais precisam do ódio, alimentado pelas más lembranças do passado. Cada vez que penso nas antigas ofensas graves cometidas contra mim, mais percebo como elas se desgrudaram da minha mente com o passar dos tempos. Delas não sobrou nem a necessidade da punição tardia. Ficaram só as sombras de pecados que já perderam o contorno, memórias mortas. Pronto. Cheguei ao endereço. Sei que meu inimigo está lá, vejo-o pelas cortinas semicerradas. Penso: se o passado ficou no passado, por que a vingança? Puxo a '45 deliberadamente devagar, minha mão nem suada está. Vou em frente, aperto a campainha. Enquanto espero abrirem a porta, penso, desta vez vou atirar. Acho que nenhuma história termina bem quando a vítima se limita a oferecer ao destino a outra face para ser esbofeteada.

NUREMBERG

Excelência:
aquele veneno encapsulado
dentro do dente falso
que fez escapar do enforcamento
o nazista em Nuremberg,
eu o quero para mim
nazista que sou
assassino confesso
do meu próprio holocausto
suspenso no desejo
não sei se homicida
não sei se suicida.
Quero aquele dente falso
fuga da forca
e corrida para o fim.
Pois não é tudo morte
quando só se tem uma vida?

47.
O MENINO E A GALINHA

Tinha os longos dias de verão, as tardes que se esticavam demais até virar noite, naquela cidadezinha do interior. Calorão desgraçado. Raras nuvens altas que quase não saíam do lugar, fiapos fixos num azul-profundo. A irradiação quente das ruas, em ondas, criava a ilusão de que as rodas das carroças que por ali passavam flutuavam no ar, sem tocar no chão. Nenhuma aragem. Nem os passarinhos se arriscavam a mudar de árvore, para não serem apanhados pelo sol que podia fritar suas penas. Os sobradinhos, as jaqueiras ofereciam ilhas de sombra por onde as moças corriam fugindo do sol, protegendo-se com suas sombrinhas de algodão colorido. Nessas tardes, com as lições de casa já feitas, me sobrava muito tempo. Eu morava numa dessas casas que dão para a rua, um par de janelas com as cortinas rendadas sempre fechadas, que eu não abria quase nunca. Minhas melhores amizades moravam no galinheiro do quintal, construído com algumas estacas pregadas na terra e cercadas com tela aramada. Ficavam lá três galinhas e um galo de grande crista vermelha, que mexia sua cabeça como costumam mexer os galos, sempre em movimentos instantâneos, como que se desviando de raios invisíveis que caíam o tempo todo sobre ele. Esse galo grande não fazia corococó, isso era obrigação de suas três esposas. Ele também não tinha nome de batismo, "num carece", como se costumava falar no interior daquele tempo. Das três galinhas, uma era da minha afeição. Tratava-se de uma galinha empavonada, penas meio vermelhas. Chamava-a, pois, de A Vermelha. Nesses dias de calor tão quente que parecia que o ar estava pegando fogo, eu entrava no galinheiro ensombrecido pelas grandes árvores e sentava no chão, sem me importar com a caca dos bichos. Estava acostumado com o cheiro. Levava sempre os bolsos cheios de milho e ficava lá dentro, negociando como um mascate. "Vem... vem..." Os quatro bichos ficavam me arrodeando, fingindo que estavam ciscando ali por acaso, sem outros interesses, portanto.

Mas a bicharada estava era atenta às minhas mãos, pois que eu, de repente, podia jogar um punhado de milho num canto do galinheiro, só para ver a revoada, o farfalhar das penas, o empurra-empurra. Então, *finitto* o milho, tudo volta a ficar igual, desaparecido o último grão. Mas, de vez em quando, alguma galinha virava a cabeça num ângulo esquisito e batia o bico numa fenda qualquer, onde ainda jazia escondido algum grão perdido. As outras, com falsas esperanças, usavam a velocidade das pernas e batiam as asas de penas cortadas para dar impulso em direção à comida a fim de repartir o tesouro que então já parecia acabado. Um dia, notei que a galinha vermelha sempre era a última a pegar algum grão. Eu me condoí com o ar de vítima com que a Vermelha se afastava a passos largos e lentos das disputas, chacoalhando a crista curta. E resolvi remediar aquela triste situação.

    Eu me coloquei então fora do galinheiro, bem junto à grade de aramado. De lá chamava a galinha vermelha e espalhava perto do aramado, do lado de fora, uma porção de milho reservado só para ela. A Vermelha esticava o pescoço através do aramado para pegar o presente. As outras aves ficavam rondando, incertas. Assim se estabeleceu entre nós uma relação pessoal, nisso era o que eu acreditava. Resolvi então ir mais longe, tornando-me o Mestre da galinha vermelha. Dediquei-me à ensiná-la. Fiz testes. Comecei por jogar uns grãos de milho mais longe, mas ainda ao alcance da Vermelha. Ela então esticava o pescoço por entre os vãos da tela e bicava sua refeição, ainda que com alguma dificuldade. Lição número um, aprendida. Agora joguei milho ainda mais longe: ela duplicou o comprimento de seu pescoço quase ao limite da laceração e bicou o milho. Lição número dois, parabéns. Vamos à Lição número três, a mais importante. Empunhei uma varetinha de metal flexível e joguei o milho, desta vez fora do alcance da galinha. A Vermelha se precipitou e, como sempre, tentou no limite chegar ao milho. Nada feito. Eu lhe dei uma varetada na cabeça. Atenção, Vermelha! Ela tinha que aprender Disciplina, a se comportar. São as Regras. Galinha é galinha e Homem é homem.

    E o Homem é superior, manda, esse é o seu destino manifesto. Ela tinha que aprender a diferença entre o possível e o impossível, para seu próprio bem. Mais milho, longe. Outra vez, tonta, meio cambaleando, a Vermelha tentou chegar lá, esticando-se toda. Irritado, dei-lhe outra varetada na cabeça, desta vez com mais força. Ela não estava aprendendo. Percebi um fio de sangue que descia da cabeça ferida da galinha. Esse bicho precisava de disciplina. *Achtung*, galinha! Outra vez a Vermelha insistiu. Eu me deixei então tomar por um impulso conflituoso que nunca havia sentido antes. Dei mais, mais e mais varetadas, os olhos da cabeça da ave já apareciam despregados no meio da sangueira, cada vez que ela esticava o pescoço. Ela tinha que aprender a obedecer. Era uma questão, já, ideológica.

Mas contraditoriamente a essas lições ferozes, jamais iria permitir que a minha tia, que às vezes visitava o galinheiro, ali viesse – não para colher ovos, mas para pegar a Vermelha. A tia, uma velha senhora experiente, costumava fazer essas incursões, sopesando as galinhas pelas pernas, elas de cabeça para baixo e batendo as asas cortadas a fim de escolher uma bem gordinha para o almoço de domingo. Quando acontecia isso eu ficava horrorizado.

Mas não conseguia tirar os olhos da técnica da tia, que pegava sua vítima pelas pernas, com uma mão, enquanto com a outra apertava e puxava a cabeça da coitadinha entre seus dedos, como numa roda da Inquisição, dando uma torção com toda força, puxando todo o pescoço, num repelão. Daí o corpo do galináceo ficava sacolejando em saltos repetidos. Até parar, ficando toda mole. Esses assassinatos costumavam acontecer às sextas-feiras, a fim de dar tempo para que as partes da galinha ganhassem tempero com sal, ervas e cebola, dentro de uma bacia. Eu ficava impressionado com esses rituais, e na hora de comer, sempre que podia, evitava tanto as partes brancas como as coxas ou asas. Isso me ficou na memória para sempre. Anos mais tarde, eu seria apresentado à outros galinheiros sacrificais e disciplinadores, com os nomes como Baden-Baden, Auschwitz etc. Todos empenhados em ensinar a Lição. Continuando: agora a galinha continuava errando, cabeceava e perdia o prumo, entortando as pernas que faziam com que ela caísse e levantasse, sem rendição. Dei-lhe mais e mais varetadas, um pedaço do couro se havia desprendido, pedaços de crista vermelha se espalhavam pelo chão. As outras vieram bicar aqueles restos. E a Vermelha voltava e voltava, teimosamente. Exasperado, fui buscar um martelo na garagem, prendi a cabeça da Vermelha no chão e bati com força, até a cabeça dela quase nem guardar a antiga forma de cabeça de galinha, sobrando só o bico amarelo com a língua pontuda saindo de dentro. *Guernica.* Meu coração explodia em estrondos. Puxei então a defunta para fora do galinheiro e larguei-a lá. Depois, pensando melhor, para ninguém perceber meu crime, levei o corpo embrulhado em jornal até a rua, dispondo-o na lata de lixo de um vizinho. Espalhei álcool em cima e toquei fogo. Um crematório. Depois, quando me tornei homem, advogado, da Vermelha eu nem me lembrava mais. Meu melhor amigo agora era um rapaz bem postado, todo mundo dele só dizia coisas boas, fora e dentro do trabalho. Principalmente dentro do trabalho, onde virei seu chefe, na repartição.

Era considerado um Homem admirável, culto, amigo dos amigos. Certo dia soube que essa doce figura tinha matado a esposa, mulher interessante, que eu conhecia formalmente. Como podia ter acontecido essa tragédia? Cidade pequena onde todos se conheciam, fui visitá-lo naquela tarde na cadeia onde estava preso, réu confesso. O sargento abriu a porta da cadeia, respeitoso, ao ver o Doutor. Vendo-me entrar, meu amigo se jogou em meus braços. Chorava, soluçando tão alto que se podiam ouvir suas lamúrias lá fora da janela com grades, que dava para a praça da cidade. Quase não se podia entender o que dizia. Era uma algaravia chorosa de onde se podiam pescar expressões como "matei o amor da minha vida", "queria estar morto no lugar dela" e coisas afins, frases de um homem justo e desesperado. Minha ombreira do paletó ficou toda molhada de lágrimas.

Tomado de um sentimento fraterno, fiquei de visitá-lo novamente no dia seguinte, mas não deu, afazeres. Passou-se uma semana e só então voltei à cela do meu amigo. Que agora estava mais composto, calmo, penteado.

E ouvi dele: "Meu velho, matei aquela puta da minha mulher, mas devia ter matado antes, descobri que ela me botava os cornos". Me assustei, surpreendido. E o arrependimento mostrado outro dia? A assassinada tinha virado de "mulher de minha vida" para "aquela puta", da noite para o dia?

Sai dali zonzo, entrei num bar e uma cerveja gelada acalmou meus miolos.

O que levou um amigo, igual a mim, tornar-se um assassino sem remorsos? Custava-me entender o Mal, a fagulha que incendeia o cérebro, a alma, o espírito, tudo se juntando no gesto homicida que não se justifica mediante nenhuma lei, deste e do outro mundo. Foi nesse instante que, sem pedir licença, puxou uma cadeira e sentou-se à minha frente a galinha Vermelha com sua cabeça despedaçada, olhando-me só com um olho despencado, o outro coberto por carne sangrenta, sem compreender o que havia feito para merecer tal tratamento. Não tive palavras, só fiquei olhando. E subitamente lembrei que também se podia matar assim, só pelo impulso de matar, levado pela sinfonia de hormônios que nos retirava do mundo dos justos, jogando-nos em perversidades fundas, daquelas que se tem vontade de seguir sem pensar, obedecendo ao Caim interior, sempre presente. Hesitei. Tocado por tal epifania deveria eu agora voltar para a cadeia e compartilhar caridosamente o sofrimento com meu amigo, oferecendo meu renovado conhecimento de consolo e compreensão? Mas com qual finalidade? Afinal, todos os homens do mundo não são iguais? Mais ainda, não são irmãos? Então, o que se pode esperar? Realisticamente, imagino que uns e outros continuarão a ensinar suas Lições a qualquer preço, mesmo que para isso seja necessário estourar cabeças. Como eu fiz com a Vermelha. Não é essa a utilidade das guerras? Ninguém no bar parecia impressionado com a figura sentada da galinha ao meu lado. Ela tinha que inclinar a cabeça ao falar comigo, mirando em mim seu único olho que eu defini interiormente como "rutilante". Notei que ela estava maior do que eu, seus movimentos eram instantâneos, iguais aos de uma galinha. Mas ela era uma galinha. Dona Vermelha insistia em perguntar: por que eu a havia castigado com golpes na cabeça... por que, até matá-la? Ah, então ela estava morta. E enorme, até mais alta do que eu. E insistia: por quê? por quê? Levei à boca o copo de cerveja que o garçom havia deixado na mesa. Pensei em convidar a galinha a beber comigo, talvez ela parasse um pouco toda aquela agitação. Não, não faria isso, resolvi raciocinar em voz alta. Para começar, a galinha pertencia à raça das galináceas. E eu era um homem. Homens matam galinhas quando o desejam. E eu havia dado uma oportunidade à dona Vermelha. Por que aquela ânsia dela de ignorar as grades do galinheiro onde estava concentrada com as da sua espécie? Agindo assim, ela me obrigava às duras lições que devem ser impostas pelo Homem superior às espécies inferiores.

Isso acontecia não só às galinhas, expliquei. Também existem diferenças sérias entre raças de gente, algumas inferiores, infelizmente. E essas deveriam ser separadas em guetos a fim de evitar as más influências daquela gente perigosa. E o dever até mandava executar essas pessoas e jogá-las em fornalhas, *kaputt*, esta era a solução final mais adequada. Viu só? A galinha não estava só em seu destino. Fiquei satisfeito com a minha lógica, que visava claramente a um melhoramento da raça humana. Os que não obedecessem teriam o destino dela, Dona Vermelha.

Ela cruzou e descruzou as pernas muitas vezes durante minha explanação.

E trouxe outra pergunta: o homem, meu amigo, que havia matado a mulher, também teria seu cérebro arrancado com varadas de metal? Não, claro que não. Aquela mulher, a polícia havia descoberto em suas investigações, era uma judia!

Ou coisa assim, talvez até cigana. Antes de ser eliminada pelo marido, já tinha sido identificada como uma subversiva, contrária aos interesses da nossa comunidade de raça superior.

Portanto, o marido não a havia assassinado – mas, sim, suprimido alguém antissocial. Aliás, o meu amigo, que se chamava Otto Wieder von Klaus, já tivera sido solto, com pedidos de desculpas da polícia.

A galinha, alarmada, já se havia levantado antes de eu terminar minhas considerações. Saiu manquitolando, tentando alcançar a porta. Mas três rapazes uniformizados a apanharam, levando-a para a calçada onde ela ficou presa pelos pés, batendo as asas, junto com uma porção de outras galinhas – que foram depois jogadas num caminhão, a caminho do matadouro. Felizmente isso não era problema para Dona Vermelha, pois ela já estava morta, segundo suas próprias palavras. Meu amigo Otto veio para me cumprimentar e abraçamo-nos fraternalmente. O mundo teria de aprender que nossa raça tinha vindo para ensinar os outros humanos em lições sucessivas, nos próximos dez mil anos.

Nem que fôssemos obrigados à guerra. Com a qual já tínhamos muita prática e familiaridade, aliás.

ALZHEIMER

Outono, verão?
Que estação vivo em mim?
Se outono
como pode ser outono
se não me lembro
do último inverno?
Minha memória
sem a memória do prévio inverno
mata o passado
que fica como nunca acontecido
arquivo deletado.
Para que novos outonos e invernos
aconteçam no curso natural das coisas
preciso lembrar
preciso obedecer
o que a sanidade me manda fazer.
Mas ela nunca
quer ouvir minha opinião.

48.
MELHOR ESQUECER

Era a primeira vez que o Quatro-Olhos ficava num colégio interno. Eu também. Estranhávamos tudo. Ele e eu éramos bichos carneiros, bichos leões, bichos cachorros, nos víamos uns aos outros como sendo da mesma espécie mamífera, mas sabíamos que éramos diferentes dos outros. Rosnávamos para o alheio, lobamente. Ou então nos lambíamos por simpatias simples, como vir da mesma cidade, ser visto como caipira ou usar óculos com lentes grossas. Ficávamos sorumbáticos na hora do recreio, no começo não sabíamos com quem conversar. Tudo era risco, dava para ver uns veteranos tubarões rondando, arreganhando os dentes, uma molecada parruda que dava medo. Na hora de dormir era como numa penitenciária. Prrrrrrrrriiii!, o vigilante apitava.

"Todo mundo na cama. Vou apagar as luzes. Silêncio!" Mas, aos poucos, semana após semana, começou a coagulação, cada um se juntando com sua turma. O pessoal já se conhecia pelo nome, até porque tinha a hora da chamada. "Fábio Albuquerque!" E de algum lugar vinha a voz: "Presente, professor". Os outros olhavam, virando a cabeça. Esse era espinhudo o tal de Fábio, o rosto sempre explodindo de pus. À noite víamos como ele passava na cara o creme Minâncora, que prometia "eliminar as imperfeições da pele". O rosto do Fábio ficava branco de tanto creme branco e ele cuidava de dormir de barriga para cima para não sujar a roupa de cama. O Quatro-Zoio sempre sozinho. O Diretor do colégio o odiava, pois ele fazia tudo à sua maneira, meio zonzamente, não sei. O Chefe da Disciplina, que era chamado, às escondidas, de Chico Preto, por razões óbvias, perseguia o Quatro-Zoio para se sair bem com o Diretor. Cada falta, de qualquer tipo, como errar o passo na fila ou servir-se de comida antes da oração de graças, merecia uma cruzinha no controle dele. Três cruzinhas e perdia-se o privilégio de passar o fim de semana longe dali. O Quatro-Zoio tinha um tio que sempre vinha buscá-lo no sábado, só para ser comunicado que seu sobrinho estava cumprindo castigo.

Também outro colega, um gordote com buço, sempre pegava cana. Ficavam os dois juntos na tranca. Pelo seu jeitinho, todos desconfiávamos que o gordinho com buço fosse *viado*. Alguém lhe arranjou um apelido que pegou: Dick Fruta. Ou só Dick. Por estarem sempre encrencados, o Quatro e o Dick passaram a conviver nos longos fins de semana, quando as salas ficavam vazias e não havia o que fazer. Dick tinha vindo de Mato Grosso e isso também era motivo de graças "...ei, Dick, você gosta mais de pau fino ou pau grosso?". Dick fazia que não era com ele, enquanto o Quatro só observava.

Quando no dormitório acabavam o falatório, os cochichos, alguém disfarçava a voz perguntando em voz alta: "Dick, quer me dar o cu?". Então corria pelos garotos uma incontrolável vontade de rir. "Silêncio, silêncio", gritava o Chico vigilante. Será que ele era mesmo *viado*? No refeitório, um dia correu um boato: o Diretor havia mandado misturar enxofre na comida, para tirar o tesão do pessoal, acabar com a punhetação. Então comíamos ralando bem os dentes, para perceber algum sinal terroso que comprovasse aquele medo. Lá pelo meio do semestre, falaram que um garoto tinha sido expulso, que a mala dele tinha sido preparada quando dormíamos e ele fora levado para a Diretoria, onde esperavam os seus pais. A boateira cresceu, eram agora dois os expulsos. O problema, viadagem. Parece que, quando estávamos todos apagados, um ia para a cama do outro. Mas teve uma denúncia. A novidade é que nenhum dos dois era o Dick Fruta. Então a amizade do Quatro com o Dick foi aceita, sem gozações. O Quatro, eu vi, um dia, estava batendo na cara de um menorzinho, de outra classe. O menininho chorava, sem baixar os olhos. Tomava tabefe, chorava, mas continuava olhando o outro. Não era um desafio. Era desespero. Só sei que entrei no meio dos dois, empurrei o Quatro para o lado e gritei para que ele parasse com aquilo. E o Quatro explicou que aquele garotinho era irmão dele e as porradas eram um corretivo que ele estava dando nele. Enquanto discutíamos, o garotinho se escafedeu. Irmão mais novo, quem diria? Acabamos conversando e, a partir daí, trocávamos figurinhas todos os dias, dando longos passeios pela quadra de basquete, pelo campo de futebol, paralelos aos muros altos. Viramos amigos do peito. Vida afora não nos largamos mais. Formávamos um par, eu fazia o louco e ele o sensato. Mas eram papéis invertidos. Bom, tínhamos a mesma idade. Ele era de uma família de banqueiros, os pais dele, morridos, sobravam umas tias velhas. Mas elas também morreriam, algum dia. Eu, como sempre, na merda. E aqui começa minha história. Vira e desvira a vida, agora estávamos em alto-mar.

Tinha uma ilhota luxuriante, pequenininha, dia apenas começado, o sol refletindo cegante no mar, anunciando um grande dia. Ia dar peixe. Meu barco estava ancorado a uns cem metros de onde estávamos mergulhando, com snorkel. Ele nadava melhor do que eu, mas minhas nadadeiras flexíveis zeravam seu *handicap*. "Quatro, vem cá, vem cá!", gritei. Eu tinha descoberto lá embaixo, a uns dez metros entre as rochas, a entrada de uma caverna, que tinha a altura de um homem. Dentro, escuro absoluto.

É preciso meter a cabeça no pretume das sombras para ver qualquer coisa lá dentro quando se está no fundo do mar, do lado de fora não dá.

Tomei fôlego e mergulhei de novo. Pude ver o Quatro fazendo o mesmo, ele vinha olhar a caverna. Chegando lá, fiz sinais para ele e na mímica fiz entender que ia entrar lá. Ele topou. Balançou a cabeça, no sim. Entrei, as paredes eram cheias de ouriços com espetos armados e quase não sobrava um centímetro sem uma concha aberta, afiadas que nem gilete, grudadas no meio de braços vegetais que se moviam devagar, no fluxo das águas fundas. Estava vestindo uma roupa de neoprene, minha respiração eu ouvia dentro da cabeça, rascando, e uma leve névoa turvava o vidro da minha máscara. Tinha ainda bastante ar nos pulmões, decidi. E entrei mais, batendo os pés. Mas o corredor em que entrava ia se estreitando. Parei um segundo para olhar se o Quatro ainda vinha atrás de mim. Mas não consegui torcer o pescoço, estava tudo muito apertado. Nessa distração de pensar, parei de fazer movimentos e meu corpo flutuou, minha cabeça batendo onde eu sabia que estavam as conchas agourentas e os ouriços. Estava entalado, me inundou um desespero ainda sob controle. Cada vez que fazia um gesto ou tentava rodar o corpo, sentia uma batida seca e a sensação de uma navalhada nos cotovelos, nos pés, nas costas, tudo em que eu me encostava doía. Sentia um líquido quente que se espalhava dentro da roupa de neoprene. Sangue, reconheci. Tentei voltar, mas nadadeiras só servem para ir em frente. Meus braços estavam junto ao longo do corpo, eu havia me transformado numa rolha dessas que ficam presas dentro do gargalo de uma garrafa, não entrando nem saindo. Pensei, sensatamente, que o Quatro, me vendo naquela encrenca, ia me puxar para fora, ele devia estar logo ali atrás. Mas nada. Meus pulmões começaram a dar sinal de desistência, retirando oxigênio de cada molécula disponível. Então percebi, lá na frente, uma mancha de luz, que ia e vinha, se desmanchando, sempre no mesmo lugar. Ilusão? Ilusão? Bati as nadadeiras e fui me deslocando vagarosamente para aquela fonte de luz aquosa. Preciso de ar, gritava silenciosamente. As paredes da caverna agora se abriam um pouco. E no fim do meu fôlego, quando começa a bater a sororoca, que é quando o pulmão se aperta na última tentativa, quase saindo do peito aos socos, eu vi. Tinha chegado à ilha de luz. Espaço, ar, sol! Impulsionei meu corpo para cima, saindo da água até a cintura, arranquei a máscara e respirei o melhor ar da minha vida. Esse paraíso era uma espécie de cone que se abria para cima, as paredes cheias de pedras arredondadas, com flores coloridas que se derramavam em pencas.

E orquídeas, juro por Deus! Olhei para cima, o céu estava glorioso em azul-cobalto, sem nuvens. Gritei numa explosão de... de... felicidade? Era mais do que isso. Nunca tinha sentido tanta plenitude, essa é a palavra. O nível da água claríssima ali ia e vinha, relogiando o ritmo do mundo sem nem ligar para mim, eu ainda ali gritando, parecia que o grito nunca ia acabar. Me acalmei um pouco. Vou subir essas pedras e descer pela encosta e então pular de novo no mar. E encontrar o Quatro, onde ele tinha se metido? Bom, me decidi por uma opção meio maluca.

Mergulhei de novo na caverna apertada, mas que agora conhecia bem, e fui nadando – este é o ponto mais estreito, aqui me danei, esqueci de verificar os cortes, agora tenho que dar uma arrancada.

O Quatro não estancou aqui, mais um pouco e chego lá fora. Cheguei. E ouvi a voz do Quatro, que, desesperado, gritava meu nome, no meio das ondas. Às vezes a cabeça dele subia e eu ouvia seus gritos mais nitidamente. Quando chegamos perto um do outro, ele estava chorando e eu, quase. Nadamos de volta para o barco. E lá, embrulhados em toalhas, ele contou, enquanto nervosamente encaixava os óculos no rosto, que me havia visto desaparecer, chupado pela caverna. "E você não foi atrás?" Ele, envergonhado demais para responder com desenvoltura, "Fiquei apavorado, pensei que você tava morto, tive um ataque de pânico, não conseguia fôlego para mergulhar, descia até a metade da profundura e... e...". Deixei-o seguir com sua cantilena. Eu já estava longe dali. O Quatro tinha me deixado afogado, ele que nadava melhor do que eu, desde o Colégio. O Colégio... revi o Quatro do jeito como o havia conhecido, tinha corrido tanta vida para cada um de nós e continuávamos amigos. Teve a faculdade, os casamentos, filhos, pequenas desgraças, embaçamentos diversos, mas nós dois continuamos iguais. Como ia ser agora? Ele havia me atirado pelas costas. Voltamos para o Iate Clube. Fingi que ajudava o marinheiro a amarrar o cordame no cais, dei para ele um adeus com a mão em continência, "Inté!", enquanto ele se afastava com a mochila nas costas. No Tribunal que fica dentro da minha cabeça, acusei-o mil vezes. Mas na hora da sentença, lembrava-me do seu olhar assustado, que o Quatro era o mesmo menino de quando eu o havia empurrado para livrar seu irmão da pancadaria, o mesmo que agora via escondido atrás dos óculos, tentando escapar, escapar, escapar. E eu, então? Quem era eu, o suicida, sempre vivendo da adrenalina do risco, querendo e não querendo viver, me impondo a contradição de nunca ir ao limite, esperando que a Morte me viesse por acaso, para que não me acusassem de covardia? O Quatro sumiu da minha vida, alguns acasos nos fizeram tentar a volta da antiga intimidade, em vão. Eu sabia, ele sabia e isso era tudo. Nossa geração agora está indo, o Diretor foi antes, quero crer. Agora imagino as caras daqueles moleques transformadas quase todas em fotinhas de cemitério. O Chico Preto, que queria fazer vestibular para Direito, e que enquanto todo mundo dormia, sua luzinha, atrás de anteparos de pano branco, mostrava a cabeça dele sempre baixada sobre livros, virando as páginas calmamente. Virou Juiz, será? Porque se Juiz é quem decreta se alguém é bom ou ruim, então não sou nem quero ser Juiz. Conheci um Juiz que me disse, olhos irados, "Eu condeno sempre, porque se a pessoa for inocente, Deus proverá. E se for culpada, ela já estará pagando pelo seu crime." Santa criatura, todas as sentenças numa só, sua consciência a salvo das dúvidas que abominam o homem. De certa forma, é igual comigo, reconheço. O mar está como sempre esteve. Uma caverna me espera no fundo. Se eu entrar, é uma coisa. E se eu não entrar, dá na mesma.

REENCARNADO

*Cortem uma pessoa
em pedacinhos
e até no pedaço menor
vão me reencontrar lá
inteirinho.
Cada caco estilhaçado
de espelho
espelha tudo
e em cada nova imagem
vou aparecer repetido.
Podem me esmagar
que sempre vou voltar.
Volto em pó purpurino
volto mineral
volto reduzido
mas volto
para que outra vez
todos se vejam
de novo
em mim refletidos.*

49.
O CHURRASCO

Eu dormia dentro das pálpebras. Que sono. Num esforço levantei cem quilos só com meio olhar. E me reconciliei com a preguiça, fechando de novo lentamente as pálpebras, não havia nada ao redor que pudesse me interessar, nem levemente.

Um sujeito, gerente de filial das Casas Pernambucanas da pequena cidade do interior, se afastou de um grupinho e tentou puxar conversa. Que é que ele falou? Quê?!... "Hoje está muito calor, né?" Concordei molemente, "está". Sorte eu ter vindo de Ray-Ban escuro, pensei. Assim posso disfarçar, fingindo que estou acordado. Mas o lojista ficou animado com aquele começo de conversa. "Quem não mora aqui estranha o abafamento, não é? O meu primo..." O primo dele que se foda, meu Deus. Tinha uma festa rancheira acontecendo ali.

No meio de uma fogueira sempre atiçada com mais carvão, rodava o cadáver de um animal, com um espeto que entrava pelo cu e saía pela boca. Ia girando, girando, diversas pessoas abanavam as brasas da churrasqueira. Mais ao redor, pessoas seguravam pratinhos e iam até o fogaréu para mendigar um pedaço disso, um pedaço daquilo. Parecia que todo mundo ali entendia das partes do animal sacrificado. Fiquei um pouco curioso, nomes como maminha eram ditos com autoridade. Me dá aí uma lasca de maminha, amigo! Maminha, de mama? Tinha alguém querendo comer as mamas daquele boi? Será que boi tem mama? Então era uma vaca, seria? De vez em quando batia um ventinho leve e as chamas iam com a fumaça, fazendo refluir aquele bando de aves de rapina, que recuavam como que assustadas com tanto calor de braseiro. Se abanavam, tentando afastar a fumaça, os olhos já vermelhos da irritação de tanta quentura. O gerente das Pernambucanas agora tinha desistido. Fingiu que foi buscar um chope e saiu, se juntando a gentes mais sociáveis. Melhor.

Aquele lugar não tinha paredes, era uma espécie de construção redonda coberta com telhas de cimento-amianto, próximo à sede do sítio. Bancos rústicos, de madeira. Uma pia grande. E no trono central, bem no meio daquele ambiente de sacrifício ritual, estava a churrasqueira imensa. As mulheres, por ali sentadas, limpavam com lenço o suor que lhes desmanchava a maquilagem. Som disparado de um alto-falante pendurado numa das vigas de madeira, tocando música caipira. *Country*, como chamavam agora. Olhei o relógio. Os grupos dos marmanjos agora iam se aglutinando em confraternização, batiam uns nas costas dos outros, gostosamente, havia uma camaradagem que até dava inveja. Um dos que falavam mais alto, soberanamente, e que vestia um avental branco, era um gordo descomunal. Às vezes ele socava uma espécie de bomba d'água espetada num barril. Era chope. De quando em quando vinham uns moleques rolando outro barril, upa! Todo mundo junto! E as canecas voltavam a desbordar espuma branca que fazia bigode no beiço das pessoas. Olhei o relógio de novo. Amanhã, a esta hora, já estaria de volta a São Paulo. Minha mulher, que tinha ficado lá, havia me recomendado paciência, que me comportasse no churrasco. "Você vai ver teus parentes, não custa nada um pouco de gentileza, né?" Da última vez de visitá-los, ela junto, isso tinha tornado tudo mais suportável. Mas agora eu estava perdido, sozinho, não adiantava ficar contando os minutos. Qual será a hora em que o sol se põe? Cinco horas, seis, talvez? Girei a cabeça, cobrindo sistematicamente todo espaço ao meu redor, como um radar de aeroporto. Interpretando esse movimento erroneamente, cabeças acenaram cumprimentos, afagos de alô. Sorri, devolvendo sorrisos. Então captei uma cabecinha de mulher, ela estava sentada num dos bancos do outro lado da churrasqueira, me examinando curiosamente, à distância. Até então eu não a havia notado. Encorajada, ela se levantou e veio para junto de mim. "Oi, querido! Desta vez você demorou tempo demais para vir nos visitar, não é?" Aceitei a abertura e começamos a jogar xadrez. "Não que eu não quisesse, tia", menti, desajeitado. A carinha dela era magrinha, magrinha. Jeito de menina envelhecida, fanada, que supria a falta de encanto com uma voz simpaticamente esganiçada. Nos acertamos sobre as bundas, mais confortavelmente. Desde pequeno que eu cismava com o jeito dela, pois um dos seus olhos era desviado para cima. Dava sempre vontade de acompanhar aquele olho para saber no que ela estava interessada. Chamava-se Samira, o nome também era inusual, Tia Samira. Sua irmã, minha mãe, era apelidada de Nega. As duas, Samira e a Nega, minha mãe, tinham vindo para aquela pequena cidade quando elas eram novas, ainda. Não se sabe por quê. Foram ficando, casaram-se, as duas. Samira com o médico da cidade, um bom homem. No corredor e no *hall* da casa deles amontoavam-se todo tipo de pessoas, aguardando para serem chamadas pelo doutor. Cheiro doce de caipira, botinas amarelas, novas. A história da Nega era assim: depois de enviuvar do seu marido original, meu pai, havia se casado com o farmacêutico do lugar.

Na verdade, era prático de farmácia. Os dois homens e as duas mulheres se davam muito bem. A Nega acabou por morrer na casa do médico, dr. Rubens, ou doutor, só, como costumava ser chamado. Ela sofreu um mal-estar quando visitava o casal amigo. Estavam tomando café na cozinha, ela e a Tia Samira, café bem adocicado, acompanhado de bocados de bolo de milho. A Nega estava muito bem e, de repente, uma falta de ar, uma dor no braço esquerdo, ela deixou a xícara quente cair no chão e gemeu, desconsolada. Que está havendo, meu Deus? Lá do consultório, o doutor veio correndo, assim que foi avisado do acontecido com a comadre. Diagnosticou direto o ataque cardíaco, obrigou-a a sentar-se no sofá da sala, Samira tirou os sapatos dela, desabotoou sua blusa, ansiosa. A Nega estava arfante, desacertada, encharcada em suor frio. Ela nunca mais se ergueu daquele sofá, morreu ali mesmo, dia seguinte.

Eu só soube da morte da mamãe um dia depois. Mas ainda deu tempo para pegar um avião e vir para o enterro, todo mundo compareceu, tios, tias, primos, amigos. Ela era muito querida. E agora, ali na antessala onde a morta estava deitada no caixão, envolta em tules e flores brancas, de repente, veio o passado e baqueei na lembrança difícil daquela tristeza toda, de tanto tempo atrás. A Nega, minha mãe, tinha se ido. Sobraram meus meios-irmãos, com quem nunca tive familiaridade, morávamos longe uns dos outros. Aquele churrasco, desconfiava, fora preparado como, digamos, uma espécie de homenagem a mim, o irmão mais velho e tão estranho. A Tia Samira tinha agora chegado seu rosto mais perto do meu, os olhinhos espevitados e incertos encaravam os meus olhos, insistentemente, como examinando algo, naquele churrasco fervente.

Ela era uma boa mulher, a Tia Samira. Tínhamos algo especial em nossa relação, um afeto. Que bom, pelo menos com a Tia Samira dava para conversar. "Menino", disse ela, apesar de eu já ter passado dos cinquenta faz tempo. "Menino, venha aqui", falou como se a segredar algo. Eu me aconcheguei, por um instante esquecendo todo o resto, me senti como uma criancinha. "...eu tenho um recado para você." Estranhei. "É um recado da tua mãe, a Nega." Minha mãe, eu repeti automaticamente. "Antes da Nega morrer, naquelas horas que passei ao lado dela, sentada no sofá onde veio a falecer, sua mãe me fez um pedido. Ela queria que eu te contasse o quanto, quanto... (uma lágrima, real) ela te amou, mais do que a ninguém. Apesar de tudo, do destino ter separado vocês... ela sempre sentiu que você era a pessoa mais importante da vida dela." Ihhsh, confissão braba, texto ruim. Eu não queria misturar as coisas, aquela visita, depois do enterro, era algo social, o churrasco era social, o chope era social, eu estava ali de passagem, "controle suas emoções", me disse em segredo. Pensando justamente nesses desabares de emoção e sentimentalismo é que eu tinha evitado visitar o túmulo da mamãe, pela última vez. Logo de manhã iria embora, só tinha vindo ao churrasco por consideração, minha mala até já estava pronta. A Tia Samira e a Nega eram espíritas, coisa que até me divertia, quando falavam do assunto religião. Eu sempre fui agnóstico, principalmente depois do colégio de padres e me classificava como ateu, homem do mundo, sem superstições.

Mas agora minha respiração ganhava um certo galope. Não era por causa do chope, pois sempre detestei bebida. E também era quase vegetariano. Será que o cheiro fumacento da carne queimada no churrasco estava me fazendo mal? "Menino, tua mãe está aqui, agora, conosco. Ela está olhando para você, você consegue ver?" Não, eu não conseguia, aquela situação estava desandando, pensei, chegavam-me lágrimas. Me levantei, num repelão e me afastei, primeiro só andando e depois apertando os passos, quase correndo dali, não queria que vissem o ataque de choro que vinha chegando. "Mamãe, mamãe..." Doía-me o gasnete, estrangulado pela vontade de recuperar meu sangue frio. Cheguei até uma árvore perto da cerca e me deixei abandonar. Limpei os olhos debaixo do *Ray-Ban*, virei o corpo girando na direção da Tia Samira e vi. Era ela, era ela, a Nega, ao lado dela. Um abraço veio rodando pelos ares e me alcançou, os soluços fizeram meu corpo balançar, ahhh, mamãe, eu também te amo, chega aqui, como sinto a tua falta! Respirei fundo, engasgando, uma vez, duas... Abraço apertado, de mãe. Tudo está bem, tudo está bem. Mas se pelo menos a mamãe pudesse voltar comigo!

Este livro foi composto em Bookman Old Style
para a Leya em março de 2013.